Нил Деграсс Тайсон написал настоящую, научную «Теорию Большого взрыва» для тех, кто спешит.

Журнал «Vanity Fair»

Тайсон — мастер рационализации и упрощения. Он берет умопомрачительно сложные идеи и «разбирает» их до болтиков, дополняя красочными аллегориями и прикольными шутками, и эти идеи становятся доступными даже для непрофессионалов.

Журнал «Salon»

Эта книга расширяет границы нашего разума.

Сайт «Hackernoon»

Хиты научпопа

Нил **Деграсс Тайсон**

Астро физика

с космической скоростью

Великие тайны Вселенной для тех, кому некогда

Издательство
АСТ
Москва

УДК 524
ББК 22.632
Т14

Права на перевод получены соглашением с W. W. Norton & Company, Inc., при содействии литературного агентства Andrew Nurnberg (Россия).

Neil deGrasse Tyson

ASTROPHYSICS FOR PEOPLE IN A HURRY
The #1 New York Times Bestseller

Тайсон Деграсс, Нил.

Т14 Великие тайны Вселенной для тех, кому некогда, или Астрофизика с космической скоростью / Нил Деграсс Тайсон. — Москва : Издательство АСТ, 2025. — 240 с. : ил. — (Хиты научпопа).

ISBN 978-5-17-164963-0

Темное вещество, гравитация, возможность межгалактических полетов и Теория Большого взрыва… Изучение тайн Вселенной подобно чтению захватывающего романа. В самых головоломных вопросах науки вам поможет разобраться Нил Деграсс Тайсон — один из самых авторитетных и в то же время остроумных астрофизиков нашего времени. Он обладает даром рассказывать о сложнейших научных теориях понятно, интересно и с юмором.

Вы узнаете о самых последних открытиях, сможете проследить секунда за секундой рождение Вселенной, познакомитесь с новейшими данными о темной материи и происхождении Земли. И чтобы понять все это, вам не понадобится никакого специального образования: достаточно даже слегка подзабытого курса средней школы и любопытства. А закрыв эту книгу, вы поймете, что астрофизика не так сложна, как казалось!

УДК 524
ББК 22.632

Научный редактор А. М. Красильщиков, кандидат физико-математических наук, старший научный сотрудник лаборатории Астрофизики высоких энергий Физико-технического института им. А.Ф. Иоффе.

ISBN 978-0393609394 (англ.)
ISBN 978-5-17-164963-0

СОДЕРЖАНИЕ

Главы этой книги — переработанные статьи из раздела «Вселенная» в журнале *Natural History*:

Глава 1: март 1998 года и сентябрь 2003 года
Глава 2: ноябрь 2000 года
Глава 3: октябрь 2003 года
Глава 4: июнь 1999 года
Глава 5: июнь 2006 года
Глава 6: октябрь 2002 года
Глава 7: июль/август 2002 года
Глава 8: март 1997 года
Глава 9: декабрь 2003/январь 2004 года
Глава 10: октябрь 2001 года
Глава 11: февраль 2006 года
Глава 12: апрель 2007 года.

Для всех, кому некогда читать толстые книжки, но все равно нужно подключиться к космосу.

ПРЕДИСЛОВИЕ

В последнее время не проходит и недели без сенсационных заявлений о каком-то космическом открытии, достойном громких заголовков. Возможно, дело в том, что наука о вселенной наконец-то заинтересовала тех, кто отвечает за подбор материалов для газет, однако подобное внимание прессы, скорее всего, связано и с тем, что у простых читателей проснулся научный аппетит. Об этом свидетельствует очень многое — от рейтинга научно-популярных телепередач до успеха научно-фантастических фильмов: теперь их снимают самые знаменитые режиссеры и продюсеры, а главные роли исполняют кинозвезды первой величины. А недавно в моду вошли и биографические картины о выдающихся ученых — теперь это самостоятельный жанр. Кроме того, во всем мире проводятся научные фестивали, конвенты любителей научной фантастики и показы документальных научных телесериалов.

Самые большие сборы в истории кинематографа принесла картина знаменитого режиссера, действие которой происходит на планете, вращающейся вокруг далекой звезды. И там одна знаменитая актриса играет астробиолога.

В наши дни расцвета достигли многие отрасли науки, однако одно из первых мест неизменно занимает астрофизика. По-моему, я знаю почему. Каждому из нас доводилось поднимать глаза к небу и спрашивать себя, что все это значит, как все это устроено — и каково наше место во вселенной.

Тем, кому некогда впитывать знания о космосе на лекциях, из учебников или документальных фильмов, однако все равно хочется получить краткое, но осмысленное введение в науку о вселенной, я предлагаю свою книгу. Эта тонкая книжица позволит вам свободно ориентироваться в мире современных представлений и открытий, ныне составляющих научную картину вселенной. Если мне удалось выполнить поставленную задачу, вы сможете вести культурную беседу по моей тематике, неплохо владея материалом, а возможно, захотите узнать больше.

Вселенная не обязана иметь смысл в ваших глазах.

Нил Деграсс Тайсон

1

САМАЯ ГЛАВНАЯ ИСТОРИЯ

Но многократно свои положения в мире меняя,
От бесконечных времен постоянным толчкам
подвергаясь,
Всякие виды пройдя сочетаний и разных движений,
В расположенья они, наконец, попадают, из коих
Вся совокупность вещей получилась
в теперешнем виде...

Лукреций, ок. 50 г. до н. э.
(пер. Ф. Петровского)

В самом начале, почти 14 миллиардов лет назад все пространство, все вещество и вся энергия известной нам Вселенной содержались в объеме, размером меньше одной триллионной объема точки, завершающей это предложение.

Было так жарко, что все основные силы природы, в совокупности описывающие Вселенную, слились воедино. Мы до сих пор не знаем, как возник этот микро-миниатюрный космос, однако известно, что с тех пор он мог только расширяться. Быстро. Сегодня мы называем это событие Большим взрывом.

В 1916 году Эйнштейн выдвинул общую теорию относительности — современное представление о гравитации, согласно которому наличие вещества и энергии искривляет вокруг себя ткань пространства и времени. В двадцатые годы прошлого века была разработана квантовая механика — современное представление о микромире, молекулах, атомах и субатомных частицах. Но оказалось, что с формальной точки зрения эти два мировоззрения несовместимы друг с другом, и это заставило физиков наперебой пытаться примирить теорию малого с теорией большого — создать единую и непротиворечивую теорию квантовой гравитации. Финишной прямой в этой гонке мы пока не достигли, зато точно знаем, где стоят самые высокие препятствия. Одно из них — «планковская эра» ранней Вселенной. Это период с $t = 0$ до $t = 10^{-43}$ секунды (одна десятимиллионно-триллионно-триллионно-триллионная доля секунды) после Большого взрыва, до того, как Вселенная достигла размера в 10^{-35} метра (одна стомиллиардно-триллионно-триллионная доля метра). Немецкий физик Макс Планк, в честь которого названы эти невообразимо малые величины, в 1900 году выдвинул идею квантования энергии и в целом считается отцом квантовой механики.

Противоречие между теорией гравитации и квантовой механикой в нашу эпоху не приводит ни к каким практическим осложнениям, потому что инструменты и принципы этих теорий применяются к совершенно разным классам задач. Однако поначалу, в планковскую эру, большое было маленьким, и мы подозреваем, что эти теории были вынуждены, так сказать, наладить совместную жизнь. Увы, для нас пока остается тайной, какими обетами они обменялись на церемонии бракосочетания, поэтому никакие известные нам законы физики не объясняют сколько-нибудь достоверно поведение Вселенной в тот период.

Тем не менее, мы предполагаем, что к концу планковской эры гравитация вырвалась из объятий остальных, по-прежнему единых сил природы и приобрела независимость, которую так хорошо описывают наши нынешние теории. Перевалив за возраст в 10^{-35} секунды, Вселенная продолжала расширяться, концентрированная энергия разбавлялась, а то, что осталось от единых сил, разделилось на две силы: «электрослабую» и «сильную ядерную». Еще позднее электрослабая сила разделилась на электромагнитную и слабую ядерную силы, и получились четыре отдельные силы, которые мы знаем и любим:

- слабое ядерное взаимодействие контролирует радиоактивный распад;
- сильное ядерное взаимодействие связывает атомное ядро;
- электромагнитная сила связывает атомы и молекулы;
- а гравитация — скопления вещества.

С момента Большого взрыва прошла одна триллионная секунды

Все это время шло непрерывное взаимодействие вещества в виде субатомных частиц и энергии в виде фотонов (не имеющих массы переносчиков энергии света, в равной мере частиц и волн). Во Вселенной было так жарко, что фотоны могли спонтанно преобразовывать энергию в пары частиц вещества и антивещества, которые сразу аннигилировали, возвращая энергию обратно фотонам.

Да-да, антивещество — это не фантастика. И его открыли мы, ученые, а не писатели-фантасты. Такие метаморфозы полностью описывает самое знаменитое уравнение Эйнштейна $E = mc^2$ — действующий в обе стороны рецепт, показывающий, сколько вещества стоит то или иное количество энергии и сколько энергии стоит то или иное количество вещества. В этой формуле c^2 — это квадрат скорости света, очень большое число, которое, будучи помножено на массу, показывает, сколько энергии на самом деле дает нам это преобразование.

Непосредственно перед, во время и после того, как сильное и электрослабое взаимодействия разорвали знакомство, Вселенная была бурлящим бульоном из кварков, лептонов и их антисобратьев, а также бозонов — частиц, которые обеспечивают их взаимодействие. Считается, что представители всех этих семейств уже не делятся на что-то еще более мелкое и элементарное, хотя у каждой из таких частиц есть несколько разновидностей.

Да-да, антивещество — это не фантастика. И его открыли мы, ученые, а не писатели-фантасты.

Обычный фотон входит в семейство бозонов. Из лептонов не-физикам лучше всего знакомы, пожалуй, электрон и, возможно, нейтрино, а из кварков... гм, знакомых кварков у вас, наверное, нет. Каждому из шести видов кварков дали абстрактное название, не имеющее никакой цели — ни филологической, ни философской, ни педагогической, — кроме цели отличать их друг от друга. Кварки называются так: *верхний*, *нижний*, *странный*, *очарованный*, *прелестный* и *истинный*.

А вот бозоны, кстати, названы в честь индийского ученого Шатьендраната Бозе. Слово «лептон» образовано от древнегреческого «лептос», что значит «маленький» или «легкий». Однако происхождение самого слова «кварк» гораздо интереснее: его источник — литературное произведение. Физик Мюррей

Гелл-Манн, который в 1964 году выдвинул гипотезу о существовании кварков как составляющих нейтронов и протонов и в то время считал, что семейство кварков состоит всего лишь из трех членов, позаимствовал их название из «Поминок по Финнегану» Джеймса Джойса, где чайки выкрикивают загадочную фразу: «Три кварка для мистера Марка!»

К чести кварков можно сказать одно: у них очень простые названия — искусство, которое так и не далось химикам, биологам и особенно геологам, которые дают предметам своих изысканий на диво заковыристые имена.

Кварки — те еще фрукты. В отличие от протонов, обладающих электрическим зарядом +1, и электронов, у которых заряд равен –1, у кварков заряды дробные, кратные одной трети. Изловить отдельный кварк нельзя, он всегда цепляется за соседние. Более того, сила, связывающая два (или больше) кварка, лишь возрастает при попытке их разделить, как будто они соединены своего рода субъядерной резинкой. Если растащить кварки достаточно далеко, резинка лопается, и высвобождаемая энергия при помощи $E = mc^2$ создает по новому кварку на каждом конце — начинай сначала!

Кварки — те еще фрукты. Изловить отдельный кварк нельзя, он всегда цепляется за соседние.

В кварк-лептонную эру Вселенная была такая плотная, что среднее расстояние между несвязанными кварками было сравнимо с расстоянием между связанными кварками. При таких условиях между соседними кварками не могла установиться однозначная связь, и они не образовывали коллективные союзы, а свободно перемещались. Об открытии такого состояния вещества, своего рода кваркового плавильного котла, впервые заявила в 2002 году группа физиков из Брукхейвенской национальной лаборатории на Лонг-Айленде в штате Нью-Йорк.

Есть надежные теоретические указания, что на самом раннем этапе развития Вселенной — возможно, во время одного из разделений основных сил — имел место эпизод, благодаря которому Вселенная стала немного асимметричной: частиц вещества оказалось чуть больше количества частиц антивещества — миллиард одна на миллиард. Такой крошечный перевес едва ли удалось бы заметить в гуще продолжавшегося создания, аннигиляции и воссоздания кварков и антикварков, электронов и антиэлектронов (известных как позитроны), а также нейтрино и антинейтрино. У всякой шальной частицы было полно возможностей найти кого-нибудь, с кем аннигилировать, и это в целом у всех получалось.

Но вскоре все изменилось. Космос продолжал расширяться и остывать, стал уже больше нынешней Солнечной системы, и температура стремительно упала ниже триллиона градусов.

С момента Большого взрыва прошла миллионная доля секунды

Температуры и плотности остывшей Вселенной было уже недостаточно, чтобы выпекать кварки, поэтому все они расхватали партнеров по танцам, создав крепкую новую семью тяжелых частиц под названием адроны (от древнегреческого «хадрос» — «густой», «толстый»). Переход от кварков к адронам вскоре привел к появлению протонов и нейтронов, а также других, не таких знаменитых тяжелых частиц, которые состоят из всевозможных сочетаний кварков разных видов. В Швейцарии (вернемся на Землю) коллаборация физиков-ядерщиков (Европейский центр ядерных исследований, больше известный под аббревиатурой ЦЕРН) построила большой ускоритель, чтобы сталкивать потоки адронов в попытке воссоздать условия, существовавшие через миллионную долю секунды после Большого взрыва. Эта самая большая машина на свете называется, что логично, Большой адронный коллайдер.

Легкая асимметрия вещества и антивещества в кварк-лептонном бульоне сказалась и на адронах, на сей раз это привело к поразительным результатам.

Вселенная продолжала остывать, и количество энергии, доступной для спонтанного создания частиц, уменьшалось. В адронную эру мимолетные фотоны уже не могли использовать $E = mc^2$ для создания пар кварков-антикварков. Мало того, фотоны, возникавшие при остаточных аннигиляциях, отдавали энергию расширяющейся Вселенной и охлаждались ниже порога, необходимого для создания пар адронов-антиадронов. На каждый миллиард аннигиляций, порождавших миллиард фотонов, оставался один адрон. Этим-то одиночкам и досталось все веселье: они стали источником вещества, из которого возникли галактики, звезды, планеты и тюльпаны.

Если бы между веществом и антивеществом не было перевеса в одну частичку на миллиард, вся масса во Вселенной аннигилировала бы, и остался бы космос, состоящий из фотонов *и больше ничего*: «да будет свет», доведенное до предела.

И вот прошла секунда

Вселенная достигла размеров в несколько световых лет* — примерно таково расстояние от Солнца до ближайших звезд. По-прежнему довольно жарко — миллиард градусов — и при этой температуре продолжается выпечка электронов, которые то появляются, то исчезают вместе со своими собратьями-позитронами. Но в постоянно расширяющейся и остывающей Вселенной их дни (точнее, секунды) сочтены. Закон, действовавший сначала для кварков, потом для адронов, действует и для электронов: в конце концов остается только один электрон на миллиард. Остальные аннигилируют с позитронами, своими двойниками из антивещества, в море фотонов.

Примерно в это время на каждый протон «замораживается» по одному электрону. Космос остывает, температура падает уже ниже ста миллионов градусов, и протоны связываются с другими протонами, а также с нейтронами: так формируются ядра атомов и зарождается Вселенная, в которой 90 % ядер — водород и 10 % — гелий плюс мизерное количество дейтерия («тяжелого» водорода), трития (еще более тяжелого водорода) и лития.

* Световой год — расстояние, которое свет проходит за один земной год, около десяти триллионов километров.

С момента Большого взрыва прошло уже две минуты

После этого еще 380 000 лет ничего особенного с нашим бульоном из частиц не происходит. Все эти тысячелетия температура достаточно высока, чтобы электроны свободно летали среди фотонов, раскидывая их туда-сюда по мере взаимодействия друг с другом.

Однако этой вольнице приходит конец, как только температура Вселенной опускается ниже 3000 градусов (примерно вдвое ниже температуры видимой поверхности Солнца) и свободные электроны начинают присоединяться к ядрам. В результате этого союза все кругом заливает видимый свет, навсегда запечатлев в небесах, где в этот момент находилось все вещество, и образование частиц и атомов в первичной Вселенной завершается.

В первый миллиард лет Вселенная продолжала расширяться и остывать, а вещество силой гравитации стягивалось в массивные конгломераты, которые мы зовем галактиками. Их сформировалось почти сто миллиардов, в каждой — сотни миллиардов звезд, в ядрах которых шел термоядерный синтез. Эти звезды, масса которых была примерно в десять раз больше массы Солнца, создавали в своих недрах давление и температуру, при которых вырабатываются десятки химических элементов тяжелее водорода, в том числе и те, из которых состоят планеты и всевозможная жизнь на них, если она есть.

Галактик сформировалось почти сто миллиардов, в каждой — сотни миллиардов звезд, в ядрах которых шел термоядерный синтез.

Если бы эти элементы оставались там же, где возникли, от них не было бы решительно никакого толку. Однако массивные звезды то и дело взрываются, и их химически обогащенные ошметки разлетаются по всей галактике. После девяти миллиардов лет подобной мелиорации в ничем не примечательной области Вселенной (на задворках Сверхскопления Девы), в ничем не примечательной галактике (Млечный Путь), в ничем не примечательном уголке (Рукав Ориона) родилась ничем не примечательная звездочка (Солнце). Газовое облако, из которого сформировалось Солнце, содержало столько тяжелых элементов, что их хватило на сложный арсенал вращающихся по орбитам небесных тел — несколько каменистых и газовых планет, сотни тысяч астероидов и миллиарды комет. Первые несколько сотен миллионов лет на более крупные тела падал и налипал всевозможный мусор со случайных орбит. При этом происходили высокоэнергичные столкновения на большой скорости, отчего поверхности каменистых планет плавились, и на них не могли образовываться сложные молекулы. Когда в Солнечной системе осталось меньше свободно путешествующего вещества, поверхности планет начали остывать. Та, которую мы зовем Землей, сформировалась в так называемом «Поясе Златовласки» вокруг Солнца — на таком расстоянии от звезды, что ее океаны остаются по большей части в жидком виде. Если бы Земля была значительно ближе к Солнцу, океаны испарились бы. А если бы значительно дальше, они замерзли бы. В обоих случаях жизнь в том виде, в каком мы ее знаем, не могла бы зародиться.

Через девять миллиардов лет в ничем не примечательной области Вселенной (на задворках Сверхскопления Девы), в ничем не примечательной галактике (Млечный Путь), в ничем не примечательном уголке (Рукав Ориона) родилась ничем не примечательная звездочка (Солнце).

В глубинах жидких океанов, богатых различными химическими элементами, благодаря механизму, который нам еще предстоит открыть, органические молекулы превратились в живые существа, способные к самовоспроизводству. В этом первобытном бульоне преобладали простые анаэробные бактерии — жизнь, бурно развивающаяся в среде, лишенной кислорода, однако вырабатывающая химически активный кислород в качестве продукта своей жизнедеятельности. Эти первые одноклеточные организмы непреднамеренно насытили кислородом атмосферу Земли, богатую углекислым газом, и в результате она стала пригодной для обитания аэробных организмов, которые, возникнув, заполонили и океаны, и сушу.

Те же атомы кислорода, которые обычно встречаются в парах (в виде молекул O_2), в верхних слоях атмосферы объединялись по три и образовывали озон (O_3), который служит щитом, оберегающим поверхность Земли от большей части ультрафиолетовых фотонов Солнца, разрушающих молекулы.

Удивительным разнообразием жизни на Земле — и, надо думать, еще где-нибудь во Вселенной — мы обязаны изобилию в космосе углерода и бесчисленному множеству простых и сложных углеродосодержащих молекул. Сомнений быть не может: различных молекул на основе углерода гораздо больше, чем всех остальных видов молекул вместе взятых.

Однако жизнь очень хрупка. Случайные встречи Земли с большими заблудившимися кометами и астероидами, что раньше случалось сплошь и рядом, то и дело вносили полнейший хаос в ее экосистему. Всего-то 65 миллионов лет назад (меньше 2% возраста Земли) примерно туда, где теперь находится полуостров Юкатан, врезался астероид массой в триллион тонн, отчего погибло более 70% земной флоры и фауны, в том числе все знаменитые огромные динозавры.

Вымирание. Эта экологическая катастрофа дала нашим предкам-млекопитающим возможность перестать служить закуской для тираннозавров и заполнить только что освободившиеся ниши. Одна ветвь млекопитающих с большим мозгом, которых мы зовем приматами, эволюционировала в род и вид *Homo sapiens*, которому хватило ума, чтобы изобрести научные методы и инструментарий — и сделать выводы о происхождении и эволюции Вселенной.

Вымирание. Эта экологическая катастрофа дала нашим предкам-млекопитающим возможность перестать служить закуской для тираннозавров и заполнить только что освободившиеся ниши.

А что было до всего этого? Что происходило до начала всего?

Об этом астрофизики понятия не имеют. Точнее, наши самые творческие идеи на этот счет пока не могут опереться практически ни на какие экспериментальные факты. Именно поэтому некоторые религиозные люди не без высокомерия утверждают, что с чего-то все должно было начаться — что здесь налицо воздействие какой-то особенно мощной силы и должен был быть какой-то первоисточник, положивший начало всему. Перводвигатель. С точки зрения человека верующего это, безусловно, Бог.

Но, может быть, Вселенная была всегда — в каком-то состоянии, которое нам еще предстоит определить? Например, существует множественная Вселенная, непрерывно порождающая дочерние? Или, может быть, Вселенная взяла и возникла из ничего? Или все, что мы знаем и любим, — не более чем компьютерная модель, созданная для забавы какой-то сверхразумной расой инопланетян?

Подобные предположения интересны с философской точки зрения, но, как правило, никого не удовлетворяют. Зато напоминают нам, что невежество — естественное состояние сознания ученого-исследователя. Люди, которые считают, что всё знают, либо никогда не искали, либо никогда не натыкались на границу между изведанной и неизведанной Вселенной.

Люди, которые считают, что всё знают, либо никогда не искали, либо никогда не натыкались на границу между изведанной и неизведанной Вселенной.

Однако мы точно знаем и можем утверждать безо всяких сомнений, что у Вселенной было начало. Вселенная продолжает развиваться. И да, биографию каждого атома в нашем организме можно проследить до Большого взрыва и термоядерных топок в недрах массивных звезд, взорвавшихся более пяти миллиардов лет назад. Мы — ставшая живой звездная пыль, которой Вселенная дала силы постичь саму себя, и мы еще только-только приступили к этой задаче.

2

НА ЗЕМЛЕ КАК НА НЕБЕ

Пока сэр Исаак Ньютон не записал закон всемирного тяготения, ни у кого не было причин полагать, что у нас дома действуют те же самые законы физики, что и во всей остальной Вселенной. На Земле все земное, а на небесах — небесное. Согласно христианскому вероучению той эпохи, небесами управлял Бог, поэтому мы, жалкие смертные, не в силах были постичь происходящее там. Когда Ньютон разрушил этот философский барьер, показав, что всякое движение постижимо и предсказуемо, некоторые богословы обрушились на него с критикой, поскольку получалось, что Творцу в нашем мире нечего делать. Ньютон рассудил, что та же сила тяготения, которая заставляет спелые яблоки в наших садах падать на землю, ведет и брошенные под углом тела по их кривым траекториям и направляет Луну по орбите вокруг Земли. Закон всемирного тяготения Ньютона также направляет по орбитам вокруг Солнца планеты, астероиды и кометы и удерживает на орбитах сотни миллиардов звезд в нашей галактике Млечный Путь.

Универсальность физических законов — главный движитель научного прогресса. И всемирное тяготение было только началом. Только представьте себе, какое волнение охватило астрономов XIX века, когда они впервые направили на Солнце лабораторные призмы, расщеплявшие световые лучи на цветовой спектр. Спектры не просто красивы, они еще и содержат бездну информации об объекте, излучающем свет, в том числе о его температуре и составе. Химические элементы выдают себя уникальной последовательностью светлых и темных полос, рассекающих спектр. К величайшему восторгу и изумлению ученых, химические сигнатуры Солнца оказались точно такими же, как и у лабораторных веществ. Призма перестала быть инструментом одних лишь химиков и показала, что при всем различии Земли и Солнца по размеру, массе, температуре, местоположению и внешнему виду состав у обоих одинаков — водород, углерод, кислород, азот, кальций, железо и так далее. Но главное даже не перечень общих ингредиентов, а понимание, что формирование этих спектральных сигнатур на Солнце — на расстоянии 150 миллионов километров — определялось теми же самыми законами физики, что и на Земле.

Понятие об универсальности оказалось таким плодотворным, что его удалось успешно применить и в обратную сторону. Дальнейший анализ солнечного спектра выявил сигнатуру неизвестного на Земле элемента. Поскольку речь шла о солнечном веществе, новый элемент получил название «гелий» от древнегреческого слова «гелиос» — «Солнце», — и лишь потом был открыт в лаборатории. Таким образом, гелий стал первым и единственным элементом из таблицы Менделеева, который открыли не на Земле, а в другом месте.

Понятие об универсальности оказалось таким плодотворным, что его удалось успешно применить и в обратную сторону.

Итак, законы физики действуют по всей Солнечной системе — а на другом конце Галактики? На другом конце Вселенной? В прошлом и в будущем? Их испытывали и проверяли шаг за шагом. Знакомые химические элементы обнаружились и на ближайших звездах. Далекие двойные звезды, вращающиеся по орбите друг вокруг друга, похоже, знают все о Ньютоновских законах тяготения. Двойные галактики, видимо, тоже.

И чем дальше мы заглядываем в пространство, тем глубже смотрим в прошлое — это как слоистые осадочные породы для геолога. В спектрах самых дальних объектов во Вселенной видны те же химические сигнатуры, что и в наших окрестностях в пространстве и времени. Конечно, в далеком прошлом тяжелых элементов было меньше, они выработались, по большей части, при взрывах звезд следующих поколений, однако атомные и молекулярные процессы, создавшие эти спектральные сигнатуры, описываются все теми же законами. В частности, так называемая постоянная тонкой структуры, которая определяет основные особенности спектральной сигнатуры химических элементов, не менялась, по-видимому, миллиарды лет.

В спектрах самых дальних объектов во Вселенной видны те же химические сигнатуры, что и в наших окрестностях в пространстве и времени.

Разумеется, не у всех вещей и явлений в космосе есть земные аналоги. Вам, скорее всего, не доводилось проходить сквозь облако светящейся плазмы температурой миллион градусов, и, ручаюсь, вы никогда не раскланивались на улице с черной дырой. Главное — универсальность физических законов, которые описывают даже такие неземные объекты. Когда спектральный анализ впервые применили к свету, исходящему от межзвездных облаков, была обнаружена сигнатура, у которой тоже не было земного аналога. В таблице Менделеева вроде бы не оказалось подходящего места для нового элемента. Тогда астрофизики придумали временное название «небулий» — пусть побудет, пока не удастся разобраться, что к чему. Со временем выяснилось, что газовые облака в космосе до того разрежены, что атомы пролетают огромные расстояния, ни с чем не сталкиваясь. В таких условиях электроны внутри атомов могут выделывать фокусы, которые не наблюдаются в земных лабораториях. Сигнатура небулия принадлежала обычному кислороду, просто он вел себя необычно.

Универсальность физических законов свидетельствует, что, если мы высадимся на другую планету с развитой цивилизацией, тамошняя наука будет опираться на те же самые законы, что мы открыли и проверили здесь, на Земле.

Универсальность физических законов свидетельствует, что, если мы высадимся на другую планету с развитой цивилизацией, тамошняя наука будет опираться на те же самые законы, что мы открыли и проверили здесь, на Земле, — даже если политические и общественные устои у них окажутся совсем другими. Более того, если вам захочется поговорить с пришельцами, они совершенно точно не поймут ни английского, ни французского, ни даже китайского. И никто не сможет предсказать, как они отнесутся к рукопожатию, даже если отростки у них на теле и вправду руки: как к знаку мира или как к объявлению войны. Так что лучше всего общаться на языке науки. Такая попытка была предпринята в 70-е годы прошлого века, когда были запущены «Пионер-10», «Пионер-11», «Вояджер-1» и «Вояджер-2». У этих четырех космических зондов было достаточно энергии, чтобы с помощью гравитации планет-гигантов вырваться за пределы Солнечной системы. На «Пионерах» были установлены золотые пластинки с выгравированными научными пиктограммами, изображавшими устройство Солнечной системы, наше местоположение в галактике Млечный Путь и структуру атома водорода. «Вояджеры» на этом не остановились — на них летит и золотая грампластинка с записью различных звуков матери-Земли, в том числе сердцебиение человека, песни китов и избранные музыкальные композиции со всего мира, в частности, произведения Бетховена и Чака Берри. Это сделало послание более человечным, однако неясно, способны ли уши инопланетян разобрать, что они слышат, даже если предположить, что у них вообще есть уши. Моя любимая пародия на этот жест — шутка из телепередачи «Saturday Night Live» на канале NBC, где показали письменный ответ от инопланетян, обнаруживших космический зонд. В записке лаконично говорилось: «Пришлите еще Чака Берри».

Научному прогрессу способствует не только универсальность физических законов, но и существование и неизменность физических постоянных.

Научному прогрессу способствует не только универсальность физических законов, но и существование и неизменность физических постоянных. Величина гравитационной постоянной, она же постоянная Ньютона, или G, определяет силу гравитационного взаимодействия в ньютоновском уравнении всемирного тяготения. Неизменность гравитационной постоянной в течение огромных периодов времени неоднократно подвергали косвенной проверке. Если проделать некоторые вычисления, можно определить, что от гравитационной постоянной сильно зависит светимость звезд. То есть если бы величина G в прошлом хоть немного отличалась от нынешней, количество энергии, выделяемой Солнцем, изменилось бы так сильно, что это противоречило бы имеющимся у нас биологическим, климатологическим и геологическим данным.

Вот такова однородность нашей Вселенной.

* * *

Самая знаменитая постоянная — это скорость света. Как ни несись, луч света не обгонишь. А почему? Не было проведено ни одного эксперимента, который бы показал, что какое-то тело в любой форме достигло скорости света. Об этом говорят — и опираются на это — надежные законы физики. Да, подобные заявления на первый взгляд кажутся косными и узколобыми. В прошлом от имени науки не раз и не два выступали отъявленные ретрограды, и это подорвало репутацию блестящих инженеров и изобретателей: «Мы никогда не полетим», «Полеты никогда не удастся оправдать коммерчески», «Мы никогда не расщепим атом», «Мы никогда не преодолеем звуковой барьер», «Мы никогда не попадем на Луну». Однако у всех этих заявлений есть одна общая черта: им никогда не мешали установленные законы физики. А когда мы говорим, что «никогда не обгоним луч света», это качественно иное высказывание. Оно основано на фундаментальных, проверенных временем физических принципах. На дорожных знаках для звездолетчиков будущего по праву будет написано:

Скорость света –
Не просто отличная мысль.
Это закон.

У законов физики, в отличие от ограничений скорости на земных дорогах, есть одна приятная черта: чтобы их соблюдать, не нужна никакая полиция, хотя у меня была когда-то футболка с шуточной надписью «Покорись гравитации».

Все измерения показывают, что известные нам фундаментальные постоянные и соответствующие законы физики не зависят ни от времени, ни от положения в пространстве. Это в буквальном смысле универсальные постоянные величины.

Многие природные явления — результат одновременного действия множества физических законов. А это зачастую осложняет анализ и в большинстве случаев требует мощных компьютеров, чтобы вычислить, что происходит, и при этом не растерять важные параметры системы. Когда комета Шумейкера-Леви-9 в июле 1994 года врезалась в газовую атмосферу Юпитера, а потом взорвалась, самая точная компьютерная модель учитывала законы гидродинамики, термодинамики, кинематики и гравитации. Еще один наглядный пример сложных (и труднопредсказуемых) явлений — погода и климат. Однако в их основе лежат все те же фундаментальные законы. Большое Красное пятно на Юпитере — гигантский антициклон, бушующий на протяжении как минимум 350 лет, — управляется теми же физическими процессами, что и бури и ураганы на Земле или еще где-нибудь в Солнечной системе.

Есть и еще одна разновидность вселенских истин — законы сохранения, согласно которым какая-то измеряемая величина остается неизменной *в любых обстоятельствах*. Три главных закона сохранения — это сохранение массы и энергии, сохранение линейного и углового момента импульса и сохранение электрического заряда. Эти законы действуют и на Земле, и везде, куда нам пришло в голову заглянуть, — от царства физики частиц до крупномасштабной структуры Вселенной.

Три главных закона сохранения — это сохранение массы и энергии, сохранение линейного и углового момента импульса и сохранение электрического заряда.

Но хвастаемся мы напрасно: даже в раю нет совершенства. Дело в том, что мы не видим, не осязаем, не чувствуем на вкус источник 85 % гравитации, которую намерили во Вселенной. Эта загадочная темная материя, которая не проявляет себя ни в чем, кроме гравитационного воздействия на видимое вещество, вероятно, состоит из экзотических частиц, которые нам еще предстоит открыть. Однако некоторые астрофизики — их меньшинство — не уверены в этом и предполагают, что никакой темной материи нет, нужно просто подправить закон всемирного тяготения Ньютона. Стоит добавить в уравнение несколько слагаемых, и все сойдется.

Мы имеем право говорить о законе с уверенностью лишь в том диапазоне условий, в каком этот закон был испытан и подтвержден.

Возможно, когда-нибудь мы узнаем, что закон всемирного тяготения и правда нуждается в уточнении. Ничего страшного. Такое уже один раз было. Общая теория относительности, которую выдвинул Эйнштейн в 1916 году, расширила принципы гравитации Ньютона, чтобы их можно было применять к сверхмассивным телам. Закон всемирного тяготения Ньютона при таком обобщении перестает действовать, о чем сам Ньютон не знал. Отсюда мораль: мы имеем право говорить о законе с уверенностью лишь в том диапазоне условий, в каком этот закон был испытан и подтвержден. Чем шире диапазон, тем мощнее закон и тем точнее он описывает мироздание. В домашних условиях Ньютоновский закон гравитации работает превосходно. С его помощью в 1969 году мы слетали на Луну и благополучно вернулись на Землю. Однако если дело доходит до черных дыр и крупномасштабной структуры Вселенной, нам требуется общая теория относительности. С другой стороны, когда мы подставляем маленькие массы и маленькие скорости в уравнения Эйнштейна, они буквально (точнее, математически) превращаются в уравнения Ньютона — и это хороший повод быть уверенными в том, что мы все понимаем правильно.

С точки зрения ученого универсальность физических законов делает космос на диво простым. Особенно по сравнению, скажем, с природой человека, сферой интересов психолога: здесь все гораздо запутаннее.

В Америке местные школьные советы определяют голосованием, какие предметы преподавать. В некоторых случаях результаты голосования зависят от прихотей культурной, политической или религиозной моды. Разница в системе убеждений в разных частях планеты привела к политическим различиям, которые не всегда поддаются мирному урегулированию. А красота и мощь физических законов в том и состоит, что они действуют везде и не зависят от того, кто в них верит, а кто нет.

Иначе говоря, все, кроме законов физики, — не более чем мнение.

Красота и мощь физических законов в том и состоит, что они действуют везде и не зависят от того, кто в них верит, а кто нет.

Не то чтобы ученые не спорят друг с другом. Мы спорим. Еще как. Но при этом мы, как правило, выражаем мнения об интерпретации недостаточных или досадных данных, находящихся на переднем крае наших познаний. Если же в качестве аргумента можно привести тот или иной физический закон, ясно, что спор будет кратким: нет, вечный двигатель вашей конструкции никогда не заработает, поскольку нарушает хорошо проверенные законы термодинамики. Нет, нельзя создать машину времени, чтобы вернуться в прошлое и убить собственную мать до своего рождения: это нарушает законы причины и следствия. И невозможно спонтанно взмыть в воздух и воспарить над землей, не нарушив закон сохранения импульса, — даже если сидишь в позе лотоса (хотя проделать такой фокус в принципе возможно, если испускать мощный и постоянный поток газов).

Знание законов физики в некоторых случаях придает уверенности в себе и помогает противостоять высокомерным невеждам. Несколько лет назад я был в Калифорнии и заказал в одном кафе в Пасадене чашку какао. Разумеется, со взбитыми сливками. Но когда заказ принесли, я не увидел ни намека на сливки. А когда я сказал официанту, что мне подали какао без сливок, тот заверил меня, что я их просто не вижу, поскольку они утонули в какао. Однако у взбитых сливок очень низкая плотность, поэтому они плавают во всех жидкостях, которые пьют люди. Так что я предложил официанту на выбор два варианта: либо кто-то забыл положить мне в чашку взбитые сливки, либо в этом кафе действуют альтернативные законы физики. Официанта это не убедило, и он в знак протеста принес ложку взбитых сливок, чтобы доказать свою правоту. Шарик сливок, попрыгав, как мячик в волнах, благополучно всплыл на поверхность. Самое что ни на есть наглядное доказательство универсальности законов физики!

Знание законов физики в некоторых случаях придает уверенности в себе и помогает противостоять высокомерным невеждам.

3

ДА БУДЕТ СВЕТ

После Большого взрыва главным занятием Вселенной было расширение, отчего концентрация заполнявшей пространство энергии постоянно падала. С каждым мгновением Вселенная становилась чуть-чуть больше, чуть-чуть холоднее и чуть-чуть темнее. Между тем вещество и энергия вместе составляли своего рода мутный бульон, в котором шальные электроны все время рассеивали во все стороны фотоны.

Примерно так все и шло целых 380 000 лет. В эту раннюю эпоху фотоны не успевали далеко улететь — на пути обязательно попадался электрон. Если бы в эту эпоху вашей задачей было посмотреть сквозь Вселенную, у вас бы ничего не вышло. Любой зарегистрированный вами фотон за несколько нано- или пикосекунд до этого наверняка отразился бы от какого-нибудь электрона прямо у вас под носом (одна наносекунда — миллиардная доля секунды, а пикосекунда — триллионная доля секунды). Поскольку таково было самое большое расстояние, какое могла пройти неискаженная информация, прежде чем достичь ваших глаз, вся Вселенная, куда ни посмотри, была тогда просто светящимся непрозрачным туманом. Сегодня Солнце и остальные звезды выглядят внутри себя точно так же.

Температура Вселенной падает, и частицы движутся все медленнее и медленнее. И вот в тот самый момент, когда температура впервые опустилась за красную отметку в 3000 градусов, электроны замедлились ровно настолько, чтобы их захватывали пролетающие мимо протоны, — и так миру явились полноценные атомы. Это позволило фотонам, к которым раньше все приставали, освободиться и беспрепятственно перелетать через всю Вселенную.

Так получился «космический фон» — остаточный свет ослепительной, раскаленной ранней Вселенной, — и у него есть температура, которую можно измерить, определив, в какой части спектра находится больше всего фоновых фотонов. Космос продолжал остывать, и фоновые фотоны, родившиеся в видимой части спектра, при расширении Вселенной теряли энергию и соскальзывали вниз по спектру, превращаясь в инфракрасные фотоны. Становясь слабее, они все же не переставали быть фотонами.

Какой диапазон у нас еще ниже по спектру? С тех пор, как фотоны освободились, Вселенная расширилась в 1000 раз, так что сегодня космический фон тоже оказался в 1000 раз холоднее. Фоновые фотоны, родившиеся в видимом диапазоне, теперь стали в 1000 раз менее энергичными и оказались в микроволновом диапазоне — отсюда и взялось современное выражение «реликтовое космическое микроволновое излучение». Пройдет 50 миллиардов лет — и астрофизики будущего напишут о реликтовом радиоволновом излучении.

Когда что-то раскалено и светится, оно излучает свет во всех частях спектра, но где-нибудь обязательно будет пик. Обычные лампочки, в которых по старинке еще есть нить накаливания, достигают пика в инфракрасном диапазоне и именно поэтому считаются не очень эффективными источниками видимого света. Инфракрасное излучение наши органы чувств воспринимают только как ощущение тепла на коже. Светодиодная революция в современной технологии освещения позволила получать чистый видимый свет, не тратя ватты на невидимые части спектра. Именно это и означают безумные на первый взгляд рекламные лозунги, которые пишут на упаковке: «Светодиодная лампа в 7 ватт заменяет лампу накаливания в 60 ватт».

Светодиодная революция в современной технологии освещения позволила получать чистый видимый свет, не тратя ватты на невидимые части спектра.

Поскольку реликтовое космическое излучение произошло от сильно нагретого вещества, спектральный профиль у него именно такой, какой бывает у светящегося, но остывающего предмета: где-то у него есть пик, но светится он и в остальных частях спектра. В данном случае, помимо пика в области микроволнового излучения, наблюдаются и фоновые радиоволны, и исчезающее малое количество фоновых фотонов более высокой энергии.

В середине XX века у космологии (не путать с косметологией) было в распоряжении сравнительно мало данных. А когда данных недостаточно, возникает полным-полно конкурирующих гипотез, честолюбивых и хитроумных. Гипотсзу о существовании реликтового космического излучения высказала в 40-е годы группа физиков во главе с Георгием Гамовым — американцем русского происхождения. Они основывались на работе бельгийского физика и священника Жоржа Леметра, опубликованной в 1927 году. Кстати, именно Леметра считают отцом космологии Большого взрыва. Однако первую оценку ожидаемой температуры реликтового излучения сделали американские физики Ральф Альфер и Роберт Герман в 1948 году. Их вычисления были основаны на трех столпах:

1) общей теории относительности Эйнштейна (1916);
2) открытии расширения Вселенной, которое сделал Эдвин Хаббл (1927);

3) достижениях лабораторной атомной физики до и во время Манхэттенского проекта, который привел к созданию атомных бомб во время Второй мировой войны.

Герман и Альфер получили температуру Вселенной, равную 5 градусам Кельвина. И, коротко говоря, ошиблись. Точные измерения температуры фонового микроволнового излучения показали, что она равна 2,725 градуса — иногда пишут просто 2,7 градуса, а если вы небрежно относитесь к цифрам, вам простят даже округление температуры Вселенной до 3 градусов.

Здесь мы ненадолго остановимся. Герман и Альфер опирались на скудные данные атомной физики, только что полученные в лаборатории, и применяли их к гипотетическим условиям ранней Вселенной. Исходя из этого, они экстраполировали результаты на миллиарды лет вперед и посчитали, какова должна быть температура Вселенной сегодня. И если их прогноз хотя бы приблизительно напоминал верный ответ, это поразительный триумф человеческого разума и проницательности. Они могли ошибиться в десять или в сто раз и вообще предсказать что-то, чего нет в природе. Американский астрофизик Дж. Ричард Готт заметил по этому поводу: «Предсказать, что фоновое излучение существует, а потом вычислить его температуру и ошибиться всего в два раза — это все равно что предсказать, что на лужайку перед Белым домом приземлится летающая тарелка диаметром 50 футов, и ошибиться только в том, что диаметр тарелки на самом деле окажется 27 футов».

Впервые непосредственно пронаблюдать космическое микроволновое излучение удалось в 1964 году, и сделали это совершенно случайно два американских физика — Арно Пензиас и Роберт Уилсон. Они работали в Телефонных лабораториях Белла — исследовательском подразделении Американской телефонно-телеграфной компании. В шестидесятые годы про микроволновое излучение знали все, но почти ни у кого не было в распоряжении техники, позволяющей его зарегистрировать. Лаборатории Белла были на переднем крае индустрии коммуникаций и придумали для этой цели особую приземистую рогатую антенну.

Начнем с того, что, если вы собираетесь отправлять или принимать какой-то сигнал, первым делом нужно избавиться от источников помех. Пензиас и Уилсон хотели измерить фоновые помехи в своем микроволновом приемнике, чтобы обеспечить чистую, лишенную шума связь в этом диапазоне. Они не были космологами. Обычные технари-кудесники, они всего-навсего налаживали микроволновой приемник и ничего не знали про гипотезы Гамова, Германа и Альфера.

Пензиас и Уилсон и не думали про космическое микроволновое излучение — им просто нужно было открыть для Американской телефонно-телеграфной компании новый диапазон частот.

Пензиас и Уилсон и не думали про космическое микроволновое излучение — им просто нужно было открыть для Американской телефонно-телеграфной компании новый диапазон частот.

Они провели эксперимент и вычли из своих данных все известные земные и космические источники помех, которые смогли определить, однако часть шумового сигнала никуда не делась, и исследователи никак не могли понять, как от нее избавиться. В конце концов они заглянули в тарелку антенны и увидели, что там поселились голуби. Тогда ученые решили, что шум, наверное, вызывает белый диэлектрик (голубиный помет), поскольку сигнал регистрировался отовсюду, куда бы они ни направляли детектор. Пензиас и Уилсон отчистили антенну от белого диэлектрика, шум немного снизился, однако заметный шумовой сигнал все же не исчез. В статье, которую они опубликовали в 1965 году, говорилось лишь о непонятной «избыточной антенной температуре» (A. A. Penzias and R. W. Wilson. «A Measurement of Excess Antenna Temperature at 4080 Mc/s», *The Astrophysical Journal* 142 (1965):419–21).

Тем временем группа принстонских ученых под руководством Роберта Дикке строила детектор, специально предназначенный для обнаружения фонового космического микроволнового излучения. Однако у них в распоряжении не было таких ресурсов, как в Лабораториях Белла, поэтому работа шла несколько медленнее. И в тот момент, когда Дикке с коллегами узнали о работе Пензиаса и Уилсона, принстонские физики сразу поняли, что это за наблюдаемая избыточная антенная температура. Все сходилось — и величина этой температура, и то, что сигнал шел со всех сторон, со всего неба.

В 1978 году Пензиас и Уилсон получили за свое открытие Нобелевскую премию. А в 2006 году американские астрофизики Джон К. Мазер и Джордж Ф. Смут разделили Нобелевскую премию за наблюдение фонового микроволнового космического излучения в широком спектральном диапазоне, в результате которого космология вышла из пеленок, перестав быть собранием интересных, но непроверенных идей, и перешла в область количественных точных наук, став полноценной отраслью экспериментальной физики.

Поскольку свету нужно время, чтобы дойти до нас из отдаленных уголков Вселенной, то, заглянув в глубокий космос, мы на самом деле видим, что происходило много эпох назад. Так что если разумные обитатели далекой-далекой галактики хотели бы измерить температуру фонового космического излучения в момент, который мы сейчас видим, получилось бы больше чем 2,7 Кельвина, поскольку в этот момент они жили в более молодой Вселенной, меньше и жарче нынешней.

Поскольку свету нужно время, чтобы дойти до нас из отдаленных уголков Вселенной, то, заглянув в глубокий космос, мы на самом деле видим, что происходило много эпох назад.

Оказывается, эту гипотезу можно проверить. Молекула цианида CN (когда-то его использовали как действующее вещество в составе газа, которым умерщвляли приговоренных к смертной казни) под воздействием микроволнового излучения переходит в возбужденное состояние. Если микроволновое излучение теплее, чем наше фоновое реликтовое, молекула возбуждается сильнее. В рамках модели Большого взрыва микроволновое излучение, которому подвергается цианид в далеких, более молодых галактиках, должно быть теплее, чем сегодня в нашей галактике Млечный Путь. Именно эту картину мы и наблюдаем.

Подделать это невозможно.

А почему нас вообще интересует все это? Первые 380 000 лет после Большого взрыва Вселенная была непрозрачной, поэтому пронаблюдать возникновение вещества было невозможно, даже если бы мы с вами сидели в первом ряду. Нельзя было различить, где начинают формироваться скопления галактик и пустоты. Чтобы кто-то увидел что-то стоящее, фотоны должны были беспрепятственно пролететь через Вселенную и тем самым послужить переносчиками информации.

Первые 380 000 лет после Большого взрыва Вселенная была непрозрачной, поэтому пронаблюдать возникновение вещества было невозможно, даже если бы мы с вами сидели в первом ряду.

Транс-космическое путешествие каждого фотона начинается в той точке, где он налетел на последний электрон, очутившийся у него на пути, — в «точке последнего рассеяния». По мере того как фотоны беспрепятственно разбегаются в разные стороны, они создают расширяющуюся «поверхность» последнего рассеяния — глубиной примерно 120 000 лет. Это та самая поверхность, на которой родились все атомы во Вселенной: электрон присоединяется к атомному ядру, и крошечный выброс энергии в виде фотона улетает прочь в бурную алую даль.

К этому времени некоторые области Вселенной уже начали уплотняться благодаря гравитационному притяжению составляющих их частей. Фотоны, последними рассеявшиеся на электронах в этих областях, имеют несколько более холодный спектр, чем те, которые рассеялись на менее общительных электронах, болтающихся в пустоте. Там, где накапливается вещество, растет сила тяжести, благодаря чему туда стягивается еще больше вещества. Эти области стали зародышами сверхскоплений галактик, а в других областях по-прежнему было относительно пусто.

Если составить подробную карту фонового космического микроволнового излучения, окажется, что она не совсем ровная. Там есть участки чуть теплее и чуть холоднее среднего. Если изучить эти отклонения температуры фонового космического излучения, то есть поискать закономерности на поверхности последнего рассеяния, можно сделать выводы о структуре и составе вещества в ранней Вселенной. Чтобы определить, как возникали галактики, скопления и сверхскопления, мы опираемся на самые точные данные о фоновом излучении, мощную капсулу времени, которая дает астрофизикам возможность реконструировать историю Вселенной. Изучение его закономерностей — это что-то вроде космической френологии: мы ощупываем шишки на черепе новорожденной Вселенной.

Если сопоставить данные фонового космического излучения с другими наблюдениями современной и далекой Вселенной, можно выявить всевозможные фундаментальные свойства космоса. Сравните распределение размеров и температур теплых и холодных участков — и станет понятно, какой была сила гравитации в те времена, как быстро накапливалось вещество, и это, в свою очередь, подскажет, сколько во Вселенной было обычного вещества, темного вещества и темной энергии. А отсюда можно сделать непосредственный вывод о том, будет ли Вселенная расширяться вечно.

Обычное вещество — это вещество, из которого состоим все мы. Оно чувствительно к гравитации и взаимодействует со светом. Темное вещество — это таинственная субстанция, чувствительная к гравитации, но не взаимодействующая со светом никакими известными нам способами. Темная энергия — это загадочное давление вакуума (пустого пространства), которое действует противоположно гравитации и вынуждает Вселенную расширяться все быстрее. Наше френологическое обследование показывает, что мы понимаем, как вела себя Вселенная в эпоху последнего рассеяния, но оказывается, что эта Вселенная в основном состоит из субстанции, о которой нам ничего не известно. Однако, несмотря на наше глубочайшее невежество, сегодня у космологии наконец появилась зацепка, поскольку фоновое космическое излучение показывает, из какого портала вышли мы все. Именно здесь физика становится особенно интересной, именно так мы можем узнать, что творилось во Вселенной и до, и после того, как свет в ней обрел свободу.

Темное вещество — это таинственная субстанция, чувствительная к гравитации, но не взаимодействующая со светом никакими известными нам способами.

Само по себе открытие космического микроволнового излучения вывело космологию из сферы мифологии. Однако чтобы превратить ее в современную точную науку, потребовалась подробная карта фонового микроволнового излучения. Космологи очень высокого мнения о себе. Еще бы! Ведь их работа — выяснить, какова причина возникновения Вселенной! Но без данных их объяснения были лишь гипотезами. А теперь каждое новое наблюдение, каждая крупица данных служит сразу двум целям: во-первых, дает космологии такую же плодородную почву и надежный фундамент, как и у всех других точных и естественных наук, а во-вторых, отсеивает теории, которые люди выдумывали, когда данных было недостаточно и невозможно было сказать, правы они или нет.

Без этого никакая наука не может считаться зрелой.

4

МЕЖДУ ГАЛАКТИК

При масштабной инвентаризации Вселенной и ее составляющих в первую очередь обычно подсчитывают галактики. По последним оценкам, в наблюдаемой Вселенной их примерно сто миллиардов. Галактики — яркие, красивые, набитые звездами — украшают темные пустые бездны пространства, будто города — ночной пейзаж под крылом самолета. Но насколько на самом деле пусты эти пустые бездны? (Насколько пусты поля и луга между городами?) Если галактики бросаются в глаза и убеждают нас, что все остальное неважно, это не значит, что в пространстве между галактиками не таится много такого, что труднее пронаблюдать. Не исключено, что это даже интереснее или важнее для эволюции Вселенной, чем сами галактики.

Наша собственная спиральная галактика Млечный Путь названа так за то, что и правда похожа на молоко, пролитое на ночное небо, если смотреть на него с Земли невооруженным взглядом. Само слово «галактика» происходит от древнегреческого «галактос» — «молоко». Две наши ближайшие соседки-галактики, расстояние до которых меньше 200 000 световых лет, маленькие и неправильной формы. Эти космические объекты наблюдал Фернан Магеллан во время своего знаменитого кругосветного путешествия в 1519 году и написал об этом в своем судовом журнале. В честь великого мореплавателя мы назвали их Большое и Малое Магелланово облако, и видны они в основном в Южном полушарии в виде пары облачков на небе где-то за звездами. Ближайшая галактика больше нашей находится в двух миллионах световых лет от нас, за звездами, составляющими созвездие Андромеды. Эта спиральная галактика, исторически названная Великая туманность Андромеды, несколько массивнее и вдвое ярче Млечного Пути. Примечательно, что во всех этих названиях вовсе не говорится о звездах: Млечный Путь, Магеллановы облака, Туманность Андромеды. Все они были окрещены до изобретения телескопов, поэтому люди не могли разглядеть их в подробностях и не знали, что они состоят из звезд.

Галактики — яркие, красивые, набитые звездами — украшают темные пустые бездны пространства, будто города — ночной пейзаж под крылом самолета.

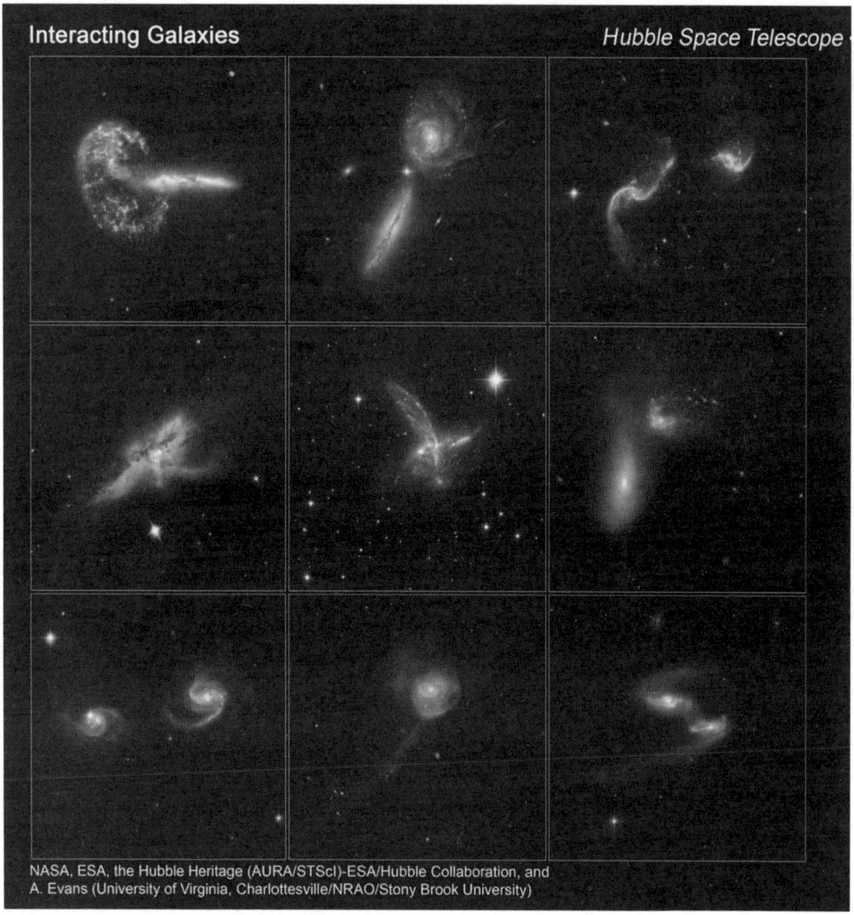

Галактики, запечатленные телескопом Хаббла

* * *

Как рассказано в главе 9, если бы не телескопы, работающие в различных диапазонах спектра, мы бы до сих пор считали, что в космосе между галактиками пусто. Однако при помощи современных детекторов и современных теорий мы исследовали космические луга и поля и обнаружили там самые разные «скрытые» объекты: темную материю, карликовые галактики, тусклые голубые галактики, убегающие из галактик звезды, в том числе взрывающиеся, вездесущие газовые облака, потрясающие высокоэнергичные частицы разного рода, загадочную квантовую энергию вакуума и раскаленный до миллионов градусов газ, испускающий рентгеновские лучи.

Впечатляющий список: можно сказать, что все самое интересное во Вселенной происходит между галактиками, а не в них самих.

Если тщательно исследовать любой объем пространства, окажется, что карликовых галактик в нем раз в десять больше, чем крупных. Моя первая научно-популярная статья, которую я написал в начале 80-х, называлась «Галактика и семь гномов» и была посвящена миниатюрному семейству, проживающему в ближайших окрестностях Млечного Пути. С тех пор поблизости от нас насчитали уже десятки карликовых галактик. Полнокровные большие галактики содержат сотни миллиардов звезд, а карликовые могут содержать всего-то миллион, а следовательно, зарегистрировать их в сто тысяч раз сложнее. Неудивительно, что мы до сих пор открываем их прямо у себя под носом.

Если тщательно исследовать любой объем пространства, окажется, что карликовых галактик в нем раз в десять больше, чем крупных.

Карликовые галактики, где больше не рождаются звезды, обычно похожи на крошечные скучные пятнышки. Если же в карликовой галактике еще возникают новые звезды, она обязательно будет иметь неправильную форму и, откровенно говоря, выглядеть не слишком привлекательно. У карликовых галактик есть три свойства, мешающие их обнаружить. Во-первых, они очень маленькие, и их легко затмевают соблазнительные спиральные галактики, которые соревнуются за наше внимание. Во-вторых, они тусклые, поэтому не попадают во многие исследования, где рассматриваются объекты с яркостью выше некоторого порога. А в-третьих, у них невысокая плотность звезд, поэтому они плохо видны на фоне свечения ночной атмосферы Земли и других источников. Все это так. Но поскольку карликовых галактик гораздо больше, чем «нормальных», наше определение нормального, пожалуй, стоит пересмотреть.

Большинство известных нам карликовых галактик держатся поблизости от более крупных галактик и вращаются вокруг них по орбите, будто спутники. Оба Магеллановых облака — это часть карликового семейства Млечного Пути. Однако жизнь галактик-спутников трудна и полна опасностей. Почти все компьютерные модели их орбит указывают на медленные изменения, которые в конце концов приведут к тому, что большая галактика сначала растерзает, а потом попросту съест незадачливого карлика.

Галактика Млечный Путь за последний миллиард лет лично участвовала по крайней мере в одном акте каннибализма — она поглотила карликовую галактику, чьи жалкие останки еще заметны в виде потока звезд, вращающегося вокруг галактического центра за звездами созвездия Стрельца. Эта система называется Карликовая эллиптическая галактика в Стрельце, но лучше было бы назвать ее просто Ужин.

В плотных недрах скоплений галактик то и дело сталкиваются две-три, а то и больше крупных галактик, после чего остается титаническая груда обломков: спиральные структуры, искаженные до полной неузнаваемости, свежие очаги звездообразования, порожденные яростными столкновениями газовых облаков, и сотни миллионов звезд, разбросанных во все стороны и только что вырвавшихся из тенет гравитации обеих галактик. Некоторые из этих звезд перегруппируются и образуют скопления неправильной формы, которые можно назвать карликовыми галактиками. Прочие так и остаются дрейфовать. Примерно 10 % всех крупных галактик носят следы серьезных гравитационных столкновений с другими крупными галактиками, а среди галактик в составе скоплений эта доля, вероятно, в пять раз больше.

Примерно 10 % всех крупных галактик носят следы серьезных гравитационных столкновений с другими крупными галактиками, а среди галактик в составе скоплений эта доля, вероятно, в пять раз больше.

Да уж, настоящая мясорубка. Сколько же галактических ошметков болтается по межгалактическому пространству, особенно в скоплениях? Неизвестно. Измерить это трудно, поскольку одиночные звезды тусклые, и по отдельности их не пронаблюдать. Приходится исходить из наблюдений слабого свечения, которое испускают все звезды вместе. В сущности, наблюдения скоплений галактик позволяют зарегистрировать именно такое свечение между галактиками, которое показывает, что бродячих бездомных звезд, возможно, столько же, сколько звезд в самих галактиках.

Подольем масла в огонь: мы обнаружили (не нарочно) более десятка сверхновых, взорвавшихся, как мы полагаем, далеко от своих «родных» галактик. В обычных галактиках на каждую взорвавшуюся звезду приходится от ста тысяч до миллиона звезд, которые не взрываются, поэтому одиночные сверхновые, вероятно, выдают существование целых популяций звезд, которых мы не видим. Сверхновые — это звезды, которые взорвались и разлетелись на мельчайшие кусочки, и при этом их светимость временно (на несколько недель) возросла в миллиард раз, так что их стало видно с другого конца Вселенной. Поскольку десяток бездомных сверхновых — это относительно немного, вероятно, многие из них еще ждут, когда мы их откроем, ведь большинство исследований сверхновых основано на систематических наблюдениях известных галактик, а не пустого пространства.

Сверхновые — это звезды, которые взорвались и разлетелись на мельчайшие кусочки, и при этом их светимость временно (на несколько недель) возросла в миллиард раз, так что их стало видно с другого конца Вселенной.

Скопления галактик — это не просто сумма составляющих их галактик и бродячих звезд.

Измерения при помощи рентгеновских телескопов показывают, что пространство внутри скоплений заполнено газом, раскаленным до десятков миллионов градусов. Этот газ такой горячий, что служит мощным источником рентгеновских лучей. Когда богатые газом галактики проходят через этот горячий газ, они лишаются большей части собственного газа, а значит, и способности создавать новые звезды, что объясняет многие наблюдательные особенности таких «ободранных» галактик. Но если подсчитать полную массу раскаленного газа, то в большинстве скоплений она окажется больше совокупной массы всех галактик в скоплении в целых десять раз. Хуже того, скопления погружены в темное вещество, масса которого в десять раз больше массы всех остальных (видимых) компонент. Иными словами, если бы в телескопы было видно не свет, а массу, наши драгоценные галактики в скоплениях показались бы невзрачными точечками в гигантской гравитирующей сфере.

Все остальное пространство вне скоплений населено галактиками, пик расцвета которых давно прошел. Как уже упоминалось, смотреть в дальний космос — все равно что геологу глядеть на слоистые осадочные породы, которые излагают всю историю формирования гор.

Галактики тусклые не только потому, что до них так далеко, но еще и потому, что доля ярких звезд в них невелика.

Расстояния в космосе так огромны, что свет долетает до нас за миллионы, а то и за миллиарды лет. Когда Вселенная была вдвое моложе, чем сейчас, была широко распространена очень тусклая разновидность очень голубых галактик среднего размера. Мы видим их. Они взывают к нам из далекого прошлого — те самые «далекие-далекие галактики». Голубой цвет — это свечение только что образовавшихся звезд, недолговечных, горячих, массивных и ярких. Галактики тусклые не только потому, что до них так далеко, но и потому, что доля ярких звезд в них невелика. Подобно динозаврам, которые пришли и ушли, и единственные их потомки в наши дни — это птицы, тусклые голубые галактики давно вымерли, но, вероятно, имеют аналог в современной Вселенной. Все ли их звезды выгорели? А вдруг они превратились в невидимые трупы, разбросанные по всей Вселенной? Или эволюционировали и стали привычными нам современными карликовыми галактиками? Или их всех поглотили крупные галактики? Этого мы не знаем, зато можем точно определить их место в космической хронологии.

Если между крупными галактиками в космосе находится так много вещества, можно ожидать, что оно будет отчасти заслонять от нас остальной пейзаж. Это и в самом деле мешает наблюдать самые далекие объекты во Вселенной, например, квазары. Квазары — это очень яркие ядра галактик, чей свет, как правило, добирается до наших телескопов, проделав по Вселенной путь в миллиарды лет. Поскольку квазары — необычайно далекие источники света, из них получаются идеальные подопытные кролики для обнаружения всяческого мусора в пространстве между нами.

Квазары — очень яркие ядра галактик, чей свет, как правило, добирается до наших телескопов, проделав по Вселенной путь в миллиарды лет.

И в самом деле, если разложить свет квазара на спектральные компоненты, в нем окажется полным-полно следов газовых облаков, через которые свет успел пройти. Все известные нам квазары, в какой бы части неба их ни обнаружили, содержат в своем спектре отпечатки изолированных водородных облаков, разбросанных в пространстве и времени.

Этот уникальный класс межгалактических объектов был обнаружен в восьмидесятые годы XX века и до сих пор остается предметом активных исследований. Откуда они взялись? Какова содержащаяся в них масса?

Спектры всех известных квазаров содержат следы водорода, а значит, облака водорода есть во Вселенной повсюду. И, как и ожидалось, чем дальше находится квазар, тем больше водородных облаков накладывают отпечатки на его спектр. Некоторые отпечатки (менее одного процента) — просто следствие того, что луч нашего зрения проходит через газ, содержащийся в обычной спиральной или неправильной галактике. Разумеется, можно ожидать, что по крайней мере некоторые квазары окажутся позади обычных галактик, которые мы не видим, потому что до них слишком далеко. Однако другие объекты, поглощающие свет квазаров, с галактиками не спутаешь.

Однако свет квазаров нередко проходит сквозь области пространства, содержащие чудовищные источники гравитации, отчего видимый облик квазара катастрофически искажается. Обнаружить эти источники зачастую непросто, поскольку они могут состоять из обычного вещества, которое находится слишком далеко от нас и потому очень тусклое, а могут представлять собой скопления темного вещества — например, около центров скоплений галактик. Так или иначе, где масса, там и гравитация.

А где гравитация, там, согласно общей теории относительности Эйнштейна, и искривление пространства. А искривленное пространство вполне может вести себя как обычная стеклянная линза и изменить путь проходящего сквозь него света. И в самом деле, далекие квазары и целые галактики видны нам сквозь «линзу» из-за массивных объектов, оказавшихся на луче зрения земных телескопов. В зависимости от массы такой линзы и искривленной геометрии луча зрения гравитационная линза может увеличивать, искажать и даже расщеплять далекий источник света на несколько изображений — точь-в-точь кривые зеркала в парках развлечений.

Среди самых далеких из известных нам объектов во Вселенной есть даже не квазар, а обычная галактика, чей слабый свет существенно усилен под действием гравитационной линзы, находящейся между нами. Так что, если мы хотим заглянуть туда, куда не позволяют обычные телескопы, нам придется рассчитывать на эти «межгалактические» телескопы — и с их помощью обновлять рекорды дальности.

Межгалактическое пространство — это, конечно, очаровательно, но гулять там вредно для здоровья. Даже если пренебречь тем фактом, что вашему теплому организму придется замерзнуть насмерть, чтобы достичь равновесия с царящей во Вселенной температурой, равной 3 Кельвина (–270 °C). И тем, что клетки вашей крови лопнут, когда вы задохнетесь от отсутствия атмосферного давления. Все это заурядные опасности, не требующие особого внимания. Есть и более экзотические: например, межгалактическое пространство постоянно прошивают высокоэнергичные скоростные заряженные субатомные частицы. Мы зовем их космическими лучами. Самые высокоэнергичные частицы обладают энергией в сто миллионов раз больше, чем можно достичь в самых крупных ускорителях на Земле. Откуда они берутся, остается загадкой, однако большинство из этих заряженных частиц — это протоны, ядра атомов водорода, и движутся они со скоростью 99,99999999999999999999 процента скорости света. Примечательно, что каждая из этих субатомных частиц иногда несет столько энергии, что ее хватит, чтобы забить в лунку мячик для гольфа с любой точки лужайки.

Но самое, пожалуй, экзотическое явление между (и среди) галактик в вакууме пространства-времени — это бурлящий океан виртуальных частиц, пар вещества и антивещества, которые невозможно зарегистрировать, поскольку они постоянно возникают и тут же аннигилируют. Этот поразительный феномен, предсказанный квантовой физикой, назвали «энергией вакуума», и она проявляется в виде направленного наружу давления, противодействующего гравитации, которое прекрасно себя чувствует даже при полном отсутствии вещества. Вероятно, расширение Вселенной — воплощение темной энергии — объясняется именно воздействием энергии вакуума.

Вероятно, расширение Вселенной — воплощение темной энергии — объясняется именно воздействием энергии вакуума.

Да, в межгалактическом пространстве и вправду происходит самое интересное. И так будет всегда.

5

ТЕМНОЕ ВЕЩЕСТВО

Самая знаменитая из сил природы — гравитация — отвечает и за самые понятные, и за самые загадочные природные явления. Чтобы понять, что загадочное «дистанционное воздействие» гравитации коренится в природных свойствах всех частиц вещества и силу притяжения между любыми двумя телами можно описать простым алгебраическим уравнением, потребовался самый блестящий и влиятельный ум тысячелетия — гений Исаака Ньютона. А чтобы показать, что еще точнее дистанционное воздействие гравитации описывается как искажение ткани пространства-времени, вызванное любым сочетанием вещества и энергии, потребовался самый блестящий и влиятельный ум прошлого столетия — гений Альберта Эйнштейна. Эйнштейн показал, что теория Ньютона нуждается в некотором видоизменении, чтобы описать гравитацию точно — то есть, например, предсказать, насколько искривится луч света, проходя мимо массивного тела. Уравнения Эйнштейна сложнее ньютоновых, зато они прекрасно описывают вещество, которое мы знаем и любим. Все то вещество, которое мы видим, ощущаем, осязаем, нюхаем и иногда пробуем на вкус.

Кто будет следующим в этой череде гениев, неизвестно, но мы уже почти сто лет ждем, когда появится кто-то, кто объяснит, почему подавляющее большинство гравитации, которую мы намеряли во Вселенной, — почти 85 процентов! — обеспечивается субстанцией, которая больше никак не взаимодействует с «нашими» веществом и энергией. А может, избыток гравитации вообще порожден не веществом и энергией, а чем-то концептуально иным? Так или иначе, мы не имеем об этом ни малейшего представления. И ни на шаг не приблизились к ответу с 1937 года, когда проблему «недостающей массы» впервые проанализировал американский астрофизик швейцарского происхождения Фриц Цвики. Он преподавал в Калифорнийском технологическом институте более сорока лет и сочетал глубочайшие познания в физике космоса с исключительным красноречием и поразительной способностью критиковать коллег.

Цвики исследовал движение отдельных галактик в пределах огромного скопления, расположенного на большом расстоянии за нашими соседками-звездами Млечного Пути, составляющими созвездие Волосы Вероники (в честь древнееврейской царевны). Скопление Волос Вероники, как мы называем его сегодня, — это изолированный густонаселенный ансамбль галактик примерно в 300 миллионах световых лет от Земли. Тысяча его галактик вращаются вокруг центра скопления на первый взгляд довольно суматошно, будто рой пчел вокруг улья. Цвики изучил движение нескольких десятков галактик в качестве меток гравитационного поля, которое связывает скопление воедино, и обнаружил, что их средняя скорость на удивление велика. Поскольку высокая скорость притягиваемых тел обычно объясняется большой гравитацией, Цвики предположил, что в центре скопления Волос Вероники находится какая-то гигантская масса. Чтобы сопоставить такую оценку с реальным положением дел, можно вычислить сумму масс всех видимых галактик в скоплении. И хотя Волосы Вероники считаются одним из самых крупных и массивных скоплений во Вселенной, видимых галактик в нем недостаточно, чтобы объяснить скорости, которые измерил Цвики.

Насколько все плохо? Неужели известные законы гравитации нас подвели? В Солнечной системе они, однако, действуют бесперебойно. Ньютон показал, что всегда можно однозначно рассчитать скорость, которую должна поддерживать планета, чтобы сохранять стабильную орбиту на той или иной дистанции от Солнца, не упасть на Солнце и не улететь на более далекую орбиту. Оказывается, если бы мы могли разогнать Землю по орбите со скоростью больше нынешней в корень квадратный из двух

(1,4142...) раз, наша планета достигла бы «второй космической скорости» и покинула бы Солнечную систему. Те же расчеты можно применить к системам гораздо более крупным, например, к нашей галактике Млечный Путь, в которой звезды движутся по орбитам, соответствующим гравитации всех остальных звезд, и к скоплениям галактик, в которых каждая галактика ощущает гравитацию всех остальных галактик. Именно поэтому в записных книжках Эйнштейна на страничке с формулами появилась эпиграмма в честь Исаака Ньютона (она приведена в книге Károly Simonyi, *A Cultural History of Physics* (Boca Raton, FL: CRC Press, 2012)):

Seht die Sterne, die da lehren
Wie man soll den Meister ehren
Jeder folgt nach Newtons Plan
Ewig schwiegend seiner Bahn.

(Взгляните на звезды, которые учат, как надо слушаться учителя: каждая вечно и спокойно движется согласно расчетам Ньютона по своему предписанному пути.)

Если мы, как это сделал Цвики в 30-е годы, изучим скопление Волосы Вероники, то окажется, что все галактики, которые в него входят, движутся со скоростью больше второй космической для этого скопления. Оно должно было быстро разлететься на части, всего за несколько сотен миллионов лет не должно было остаться ни следа от нынешнего роя. Однако этому скоплению уже больше десяти миллиардов лет — они почти что ровесники с самой Вселенной. Так в астрофизике появилась самая старая на сегодня задача без ответа.

На протяжении десятилетий, прошедших после публикации работ Цвики, ту же особенность выявили и у других скоплений галактик, так что речь идет не о какой-то удивительной особенности Волос Вероники: это скопление ни в чем не виновато. А кто виноват? Или что? Ньютон? Он вне подозрений. По крайней мере, пока. Его теории изучались 250 лет и прошли все проверки. Эйнштейн? Нет. Колоссальная гравитация скоплений галактик все же не настолько велика, чтобы требовать полномасштабного применения общей теории относительности Эйнштейна, которой во времена Цвики исполнилось всего двадцать лет. Возможно, «недостающая масса», удерживающая галактики в скоплении Волосы Вероники, и в самом деле существует, просто в какой-то неизвестной невидимой форме. Сегодня мы довольствуемся выражением «темное вещество»: оно не намекает, что нам чего-то недостает, но все же предполагает, что должна существовать какая-то иная разновидность вещества, просто мы ее еще не открыли.

Едва астрофизики смирились с существованием темного вещества в скоплениях галактик, как загадка снова заявила о своем незримом присутствии. В 1976 году покойная Вера Рубин, астрофизик из Института Карнеги в Вашингтоне, открыла похожую аномалию масс внутри самих спиральных галактик. Она изучала скорости вращения звезд вокруг центров галактик и сначала обнаружила то, что и ожидала: внутри видимого диска каждой галактики звезды, находящиеся дальше от центра, движутся быстрее, чем ближние. Чем дальше звезды, тем больше вещества (звезд и газа) находится между ними и центром галактики, поэтому у них выше орбитальная скорость. Однако за пределами светящегося диска галактики можно обнаружить изолированные газовые облака и несколько ярких звезд. Вера Рубин проследила движение этих объектов, использовав их как метки гравитационного поля вне самых ярких частей галактик, где нет видимого вещества, вносящего вклад в общую массу, и обнаружила, что их орбитальные скорости, которые должны были здесь, в глухой провинции, постепенно уменьшаться с увеличением расстояния, оставались по-прежнему высокими.

Эти пустые по большей части объемы пространства — дальнее захолустье каждой галактики — содержат так мало видимого вещества, что аномально высокие орбитальные скорости звезд-меток невозможно объяснить. Вера Рубин совершенно законно предположила, что в этих дальних областях, далеко за пределами видимого края каждой спиральной галактики, находится какая-то разновидность темного вещества. Благодаря работам Рубин мы теперь называем эти загадочные области «гало темного вещества». Загадочные гало существуют у нас прямо под носом, здесь, около Млечного Пути. Расхождение между совокупной массой видимых объектов и массой, которая объясняла бы общую гравитацию, налицо во всех галактиках и во всех скоплениях; иногда они различаются в несколько раз, а иногда — в несколько сотен. В среднем по Вселенной получается, что темное вещество в космосе обеспечивает примерно в шесть раз больше гравитации, чем все видимое вещество.

Дальнейшие исследования показали, что темное вещество не может состоять из обычного вещества, которое почему-то светится тусклее или не светится вообще. К этому выводу подводят две логические цепочки. Во-первых, мы можем практически с полной уверенностью исключить всех знакомых нам кандидатов — в точности как подозреваемых при опознании. Может быть, темное вещество залегает в черных дырах? Нет, мы бы наверняка обнаружили такое большое количество черных дыр по гравитационному воздействию на ближайшие звезды.

Может, это темные облака? Нет, они бы поглощали свет далеких звезд или еще как-то взаимодействовали с ним, а добропорядочное темное вещество так никогда не поступает. А может, это бродячие планеты, астероиды и кометы в межзвездном (или межгалактическом) пространстве, ведь все эти тела сами не светятся? Трудно поверить, чтобы во Вселенной производилось в шесть раз больше массы в виде планет, чем в виде звезд. Получается, что на каждую звезду в Галактике должно приходиться 6000 Юпитеров, хуже того — 2 000 000 Земель. Но, к примеру, в нашей Солнечной системе все вместе, кроме Солнца, весит меньше одной пятой процента от массы Солнца.

О странной природе темного вещества говорят и более прямые данные — например, соотношение гелия и водорода во Вселенной. Это число дает представление о том, как выглядела ранняя Вселенная. По достаточно точным оценкам, в процессе ядерного синтеза в первые несколько минут после Большого взрыва на каждые десять ядер водорода (которые представляют собой просто протоны) образовалось одно ядро гелия. Расчеты показывают, что если бы в ядерном синтезе участвовала значительная доля темного вещества, отношение гелия к водороду было бы гораздо выше. Из этого можно сделать вывод, что большая часть темного вещества, а следовательно, большинство массы во Вселенной не участвует в ядерном синтезе, а значит, не подходит под определение «обычного» вещества, которое по сути своей готово участвовать в атомных и ядерных взаимодействиях, формирующих вещество в том виде, в каком мы его знаем. Этот вывод — темное вещество и ядерный синтез никак не связаны — независимо подтверждают и тщательные наблюдения фонового микроволнового излучения.

Темное вещество — это не просто вещество, которое почему-то темное. Нет. Это что-то принципиально иное.

Таким образом, насколько мы можем судить, темное вещество — это не просто вещество, которое почему-то темное. Нет. Это что-то принципиально иное. Темное вещество создает гравитацию по тем же самым законам, что и обычное вещество, но больше никак себя не проявляет — не делает ничего такого, что мы могли бы зарегистрировать. Разумеется, эта логика ущербна, поскольку мы не знаем, что, собственно, темное вещество собой представляет. Если любая масса создает гравитацию, следует ли из этого, что за любой гравитацией стоит масса? Этого мы не знаем. Возможно, с веществом-то все нормально, просто мы не до конца понимаем, что такое гравитация.

* * *

В различных астрофизических средах различается и степень несоответствия между темным и обычным веществом, однако это несоответствие становится заметнее, когда имеешь дело с крупными объектами — галактиками и скоплениями галактик. У самых маленьких объектов — лун и планет — никакого несоответствия не наблюдается. Например, гравитация на поверхности Земли полностью объясняется обычным веществом, по которому мы ходим. Так что если у вас на Земле избыточный вес, темное вещество тут ни при чем. Оно никак не влияет ни на вращение Луны по орбите, ни на движение планет вокруг Солнца — но, как мы уже видели, его приходится учитывать при расчетах движения звезд вокруг центра Галактики.

Может быть, на галактических масштабах действуют иные законы гравитации? Едва ли. Скорее всего, темное вещество состоит из вещества, природу которого нам еще предстоит разгадать, вещества менее сконцентрированного, чем обычное. Иначе мы зарегистрировали бы гравитацию отдельных концентрированных сгустков темного вещества, испещряющих Вселенную: комет из темного вещества, планет из темного вещества, галактик из темного вещества. А насколько мы можем судить, это не так.

Зато мы знаем, что вещество, которое мы видим и любим, то самое, из которого состоят звезды, планеты и живые существа, — это лишь тоненькая глазурь на космическом торте, скромные льдинки в огромном космическом океане, состоящем из чего-то, которое выглядит как ничто.

В первые полмиллиона лет после Большого взрыва — сущий миг по сравнению с хронологией космической истории, насчитывающей 14 миллиардов лет, — вещество во Вселенной уже начало образовывать сгустки, которым предстояло превратиться в скопления и сверхскопления галактик. При этом в следующие полмиллиона лет космос увеличился вдвое и продолжал расти. Так что во Вселенной противоборствуют две силы: гравитация хочет, чтобы все слиплось, а расширение — чтобы все рассеялось. Если все сосчитать, становится понятно, что гравитация обычного вещества в одиночку не выиграла бы эту битву. Ей нужна помощь темного вещества, без которого мы жили бы — то есть не жили бы — во Вселенной, где не было бы никаких структур: ни скоплений, ни галактик, ни звезд, ни планет, ни людей.

Сколько же нужно было гравитации темного вещества? В шесть раз больше, чем дает обычное вещество само по себе. То есть именно столько, сколько мы обнаруживаем во Вселенной. Эта оценка не говорит нам, что такое темное вещество, а лишь подтверждает, что оно и в самом деле играет роль, которую не может сыграть одно лишь обычное вещество, как ни старайся.

Так что темное вещество — наш закадычный враг и лютый друг. Мы понятия не имеем, что это такое. Это несколько раздражает. Но без него наши расчеты не дают точной картины мироздания.

В общем и целом ученых смущает, что приходится опираться в расчетах на концепты, которых мы не понимаем, но надо — значит надо. Причем темное вещество — не первое препятствие такого рода на пути научного прогресса. Например, в XIX веке ученые измерили энергию солнечного света и показали, как именно она влияет на наш климат и смену времен года, не подозревая, что за выработку этой энергии отвечает термоядерный синтез. В то время в перечень самых лучших гипотез входила, например, смешная с нашей точки зрения идея, что Солнце — это горящая глыба угля. В том же XIX веке мы наблюдали звезды, измеряли их спектры и классифицировали их задолго до того, как появилась квантовая физика (это произошло уже в XX веке), которая позволила нам разобраться, почему эти спектры выглядят так, а не иначе.

Закоренелые скептики зачастую сравнивают сегодняшнее темное вещество с гипотетическим эфиром: в XIX веке считали, будто космический вакуум пронизан невесомой прозрачной субстанцией, проводящей свет, однако в наши дни эта теория списана со счетов. До 1887 года, когда Альберт Майкельсон и Эдвард Морли в Университете Кейс-Вестерн-Резерв в Кливленде провели свой знаменитый эксперимент, показавший, что никакого эфира нет, ученые были убеждены, что он существует, хотя не было ни единого доказательства этой гипотезы. Считалось, что поскольку свет — это волна, ему нужна среда, чтобы распространять свою энергию, примерно как звуку необходим воздух или какое-то другое вещество, в котором распространяются его волны. Однако, как выяснилось, свет прекрасно распространяется в вакууме космического пространства, где нет никакой среды-переносчика. В отличие от звуковых волн, представляющих собой колебания воздуха, световые волны, как выяснилось, представляют собой сгустки электромагнитной энергии, распространяющиеся сами собой, без посторонней помощи.

Однако незнание бывает разным, и наше незнание природы темного вещества — совсем не то, что незнание природы эфира. Эфир был своего рода заплаткой на том месте, где мы не знали ровным счетом ничего, а существование темного вещества — не просто предположение: мы наблюдаем, как оно воздействует на видимое вещество. Мы не выдумали темное вещество на пустом месте, а сделали вывод о его существовании на основании данных наблюдений. Темное вещество так же реально, как множество экзопланет, обнаруженных на орбитах вокруг далеких звезд: мы открыли их исключительно потому, что заметили их воздействие на блеск звезд, а не потому, что наблюдали их собственный свет.

Темное вещество так же реально, как множество экзопланет, обнаруженных на орбитах вокруг далеких звезд: мы открыли их исключительно потому, что заметили их воздействие на блеск звезд, а не потому, что наблюдали их собственный свет.

Самое скверное, что может случиться, — это если окажется, что темное вещество вообще не вещество, а что-то иное. Может быть, мы наблюдаем воздействие сил из других измерений? Может быть, мы так ощущаем обычную гравитацию обычного вещества, пересекающего мембрану фантомной Вселенной, примыкающей к нашей? Если да, это может оказаться просто одна из бесконечного множества Вселенных, составляющих мультиверс — множественную Вселенную. На первый взгляд это как-то слишком диковинно и неправдоподобно. Но разве менее дико звучали первые предположения о том, что Земля вращается вокруг Солнца? Или что Солнце — всего лишь одна из ста миллиардов звезд в галактике Млечный Путь? Или что Млечный Путь — всего лишь одна из ста миллиардов галактик во Вселенной?

Но даже если одна из этих фантастических гипотез окажется верной, это никак не повлияет на тот факт, что учет гравитации темного вещества в соответствующих уравнениях позволяет нам прекрасно рассчитать ход формирования и эволюции нашей Вселенной.

Другие закоренелые скептики заявляют, что «лучше один раз увидеть, чем сто раз услышать»: этот жизненный принцип прекрасно зарекомендовал себя в самых разных ситуациях, в том числе в инженерном деле, механике, рыболовстве, а также при знакомствах с представителями противоположного пола. И, разумеется, среди жителей Миссури, которые славятся своим скептицизмом. Однако в науке все иначе. Наука не сводится к тому, чтобы убедиться в чем-то своими глазами: дело науки — измерять, причем лучше всего — именно не *на глаз*, а при помощи каких-нибудь инструментов, поскольку глаза неразрывно связаны с мозгом и всем его багажом. И чаще всего этот багаж — склад предубеждений, предрассудков, устаревших идей и откровенной предвзятости.

* * *

Хотя темное вещество вот уже три четверти века сопротивляется любым нашим попыткам его пронаблюдать, из игры оно не выходит. Физики-ядерщики убеждены, что темное вещество состоит из еще не открытых частиц-призраков, которые взаимодействуют с веществом только гравитационно, а больше почти или совсем никак не влияют ни на вещество, ни на свет.

Если вы склонны заключать пари на физические открытия, советую ставить на этот вариант. Крупнейшие ускорители частиц на Земле пытаются выработать частицы темной материи, сталкивая обычные частицы и регистрируя, так сказать, осколки. А специальные подземные лаборатории пытаются зарегистрировать частицы темного вещества пассивно — вдруг они залетят к нам из космоса? Слой земли служит естественным щитом, не пропускающим известные космические частицы, которые могут обмануть датчики и выдать себя за темное вещество.

Конечно, может оказаться, что все это — много шума из ничего, однако у гипотезы о неуловимом темном веществе есть и хорошие прецеденты. Например, существование нейтрино сначала было предсказано теоретически и лишь затем подтвердилось экспериментально, хотя нейтрино взаимодействуют с обычным веществом очень слабо. Мощный поток нейтрино с Солнца — по два нейтрино на каждое ядро гелия, возникшее из водорода в ходе термоядерного синтеза в ядре Солнца, — истекает с нашего светила, которое никак не влияет на этот поток, пронизывает космический вакуум с околосветовой скоростью, а затем проникает сквозь Землю, как будто ее не существует. В результате через каждый квадратный дюйм вашего тела каждую секунду, днем и ночью, проходят сто миллиардов солнечных нейтрино, никак не взаимодействуя с атомами вашего организма. Казалось бы, нейтрино неуловимы, однако и их при определенных условиях удается остановить. А остановить частицу — значит так или иначе зарегистрировать ее.

Не исключено, что частицы темного вещества тоже проявляют себя в результате очень редких взаимодействий, а может быть, все еще удивительнее и они участвуют во взаимодействиях принципиально нового вида, помимо сильного, слабого и электромагнитного. Три эти взаимодействия плюс гравитационное — это великая четверка фундаментальных сил Вселенной, которая описывает все взаимодействия между всеми известными нам частицами.

Итак, выбор ясен. Либо нам еще предстоит открыть новое взаимодействие или класс взаимодействий, присущих частицам темного вещества, и изучить их, либо частицы темного вещества взаимодействуют как обычные, но невероятно слабо.

Подведем итоги. Темное вещество оказывает совершенно реальное воздействие на наш мир. Просто мы не знаем, что это такое. Похоже, темное вещество не вступает в сильное взаимодействие, поэтому не образует атомных ядер. В слабое взаимодействие оно тоже не вступает, в отличие даже от неуловимых нейтрино. И в электромагнитное тоже — то есть оно не создает молекул и не концентрируется в плотные шары. Еще оно не поглощает, не испускает, не отражает и не рассеивает свет. Как мы знали с самого начала, темное вещество создает гравитацию, которую чувствует обычное вещество. Но на этом все. Прошло столько лет, а мы так и не обнаружили, что еще оно делает — и делает ли. Пока придется довольствоваться тем, чтобы тащить за собой темное вещество — этакого странного невидимого друга, которого можно задействовать, как только этого потребует от нас Вселенная.

Темное вещество оказывает совершенно реальное воздействие на наш мир. Просто мы не знаем, что это такое.

6

ТЕМНАЯ ЭНЕРГИЯ

Вот уж не было печали: в последние десятилетия мы обнаружили во Вселенной какое-то загадочное давление вакуума, противоположное космической гравитации. Более того, в конце концов эта «отрицательная гравитация» победит в перетягивании каната, поскольку она заставляет Вселенную экспоненциально расширяться.

За самые головоломные идеи физики XX века скажите спасибо Эйнштейну — он во всем виноват.

За самые головоломные идеи физики XX века скажите спасибо Эйнштейну — это он во всем виноват. Альберт Эйнштейн в лабораториях не бывал, не ставил опытов, чтобы изучать какие-то явления, не использовал сложное оборудование. Он был чистым теоретиком и предпочитал «мысленные эксперименты», когда изучаешь природу в воображении — придумываешь ситуацию или модель, а потом выясняешь следствия какого-нибудь физического принципа. В предвоенной Германии экспериментальная физика ценилась в глазах ученых-арийцев куда выше теоретической. А физиков-евреев по большей части считали учеными второго сорта, однако до поры до времени давали им возможность «копаться в своей песочнице». И что это стала за песочница!

Если физик — например, Эйнштейн, — строит модель, которая должна представлять Вселенную в целом, то манипулировать с этой моделью — это, в сущности, все равно что манипулировать самой Вселенной. А потом наблюдатели и экспериментаторы идут и смотрят, происходят ли явления, предсказанные этой моделью. Если модель неверна или теоретики ошиблись в вычислениях, экспериментаторы найдут несоответствие между предсказаниями модели и тем, что происходит в реальной Вселенной. Для теоретика это будет причиной снова сесть за стол и либо исправить ошибки в старой модели, либо разработать новую.

Одна из самых мощных и масштабных теоретических моделей в истории науки уже упоминалась на этих страницах: это общая теория относительности Эйнштейна, для друзей просто ОТО. ОТО была выдвинута в 1916 году и математически описывает, как все во Вселенной движется под воздействием гравитации. Каждые несколько лет ученые-экспериментаторы изобретают новый, еще более тонкий способ проверить ОТО и лишний раз убеждаются, насколько она точна. Совсем недавно, в 2016 году, мы снова убедились, как прекрасно описывают природу законы, которые подарил нам Эйнштейн: в специально созданной для этого обсерватории открыли гравитационные волны (речь идет о Лазерно-интерферометрической гравитационно-волновой обсерватории LIGO, расположенной в Хэнфорде, штат Вашингтон, и Ливингстоне, штат Луизиана). Существование этих волн предсказал Эйнштейн, и это рябь, со скоростью света пробегающая по ткани пространства-времени и возникающая в результате сильных гравитационных возмущений, например, столкновения двух черных дыр.

Именно это ученые и наблюдали. Первыми удалось зарегистрировать гравитационные волны от столкновения черных дыр в галактике, находящейся от нас в 1300 миллионов световых лет, которое произошло тогда, когда Земля была заселена исключительно сонмом одноклеточных организмов. Пока эта рябь расходилась во все стороны, за следующие 800 миллионов лет на Земле развилась сложная жизнь — цветы, динозавры, летающие существа, а также класс позвоночных под названием млекопитающие. У одного подкласса млекопитающих развились лобные доли, а в нагрузку к ним — способность к сложным размышлениям. Мы называем этих существ приматами. Отдельная ветвь этих приматов в результате генетической мутации научилась говорить, и эта ветвь — *homo sapiens* — изобрела сельское хозяйство, цивилизацию, философию, искусство и науку.

И все это за последние десять тысяч лет.

И вот наконец один ученый, живший в XX веке, выдумал из головы теорию относительности и предсказал существование гравитационных волн. Прошло еще сто лет — и появились технические методы, позволяющие проверить это предсказание, и произошло это за считанные дни до того, как гравитационная волна, мчавшаяся сквозь пространство 1300 миллионов лет, накатила на Землю — и ее удалось зарегистрировать.

Зараза он был, этот Эйнштейн.

Большинство научных моделей поначалу формулируются вчерне — в них оставлен простор для подгонки параметров, которая позволит лучше соответствовать известной Вселенной. В гелиоцентрической Вселенной, которую описал математик Николай Коперник, живший в XVI веке, планеты вращались вокруг Солнца по идеальным окружностям. То, что планеты вращаются вокруг Солнца, соответствует реальности, более того, это огромный шаг вперед по сравнению с «геоцентрической» моделью, где все вращалось вокруг Земли, а вот с окружностями Коперник промахнулся — все планеты вращаются вокруг Солнца по вытянутым, эллиптическим орбитам, но и это лишь приближение, на самом деле форма орбит сложнее. В целом Коперник выдвинул верную гипотезу, и это главное. Просто потребовалось несколько доработать ее, чтобы она точнее описывала действительность.

Однако в случае теории относительности, основные принципы этой теории требуют, чтобы все происходило точь-в-точь как предсказано. В сущности, может показаться, будто Эйнштейн выстроил карточный домик: два-три простых постулата держат на себе всю структуру. Более того, когда Эйнштейн в 1931 году узнал о существовании книги «Сто авторов против Эйнштейна» (R. Israel, E. Ruckhaber, R. Weinmann, et al. *«Hundert Autoren Gegen Einstein»*, Leipzig: R. Voigtlanders Verlag, 1931), он заметил: «Если бы я ошибся, хватило бы и одного».

Так были посеяны семена одного из самых удивительных ляпсусов в истории науки. В новые формулы гравитации, выведенные Эйнштейном, входила так называемая «космологическая постоянная», которую он обозначил заглавной греческой буквой «лямбда» — λ. Наличие этого члена уравнения с математической точки зрения было не обязательно, но допустимо, и добавленная в уравнения Эйнштейна космологическая постоянная позволяла получить в качестве решения статическую Вселенную.

В те времена никто и представить себе не мог, что Вселенная не просто существует, а еще и что-то делает. Поэтому единственная роль λ сводилась к противодействию гравитации в рамках модели Эйнштейна: космологическая постоянная удерживала Вселенную в равновесии и сопротивлялась естественному стремлению гравитации слепить все в один массивный ком. В этом смысле Эйнштейн изобрел Вселенную, которая не сжимается и не расширяется, что соответствовало преобладавшим в его время представлениям.

Подобно мячику на вершине холма, которому достаточно легчайшего толчка, чтобы скатиться в ту или другую сторону, или карандашу, стоящему на острие, Вселенная Эйнштейна пребывала в шатком равновесии между расширением и полным коллапсом.

В дальнейшем русский физик Александр Фридман математически доказал, что Вселенная Эйнштейна хоть и сбалансирована, однако не стабильна. Подобно мячику на вершине холма, которому достаточно легчайшего толчка, чтобы скатиться в ту или другую сторону, или карандашу, стоящему на острие, Вселенная Эйнштейна пребывала в шатком равновесии между расширением и полным коллапсом. Более того, теория Эйнштейна была новой, а если даешь чему-то название, это не обязательно существует на самом деле, так что Эйнштейн и сам понимал, что его «лямбда» как сила отрицательного тяготения не имела соответствия в физической Вселенной.

* * *

Общая теория относительности Эйнштейна радикально отличалась от всех предыдущих представлений о гравитационном притяжении. Эйнштейна не удовлетворяла мысль Исаака Ньютона, что гравитация непостижимым образом действует на расстоянии (она и самому Ньютону не нравилась). Поэтому в ОТО гравитация считается реакцией массы на местное искривление пространства и времени, вызванное какой-то другой массой или энергетическим полем. Иначе говоря, концентрация массы вызывает искажения (вроде ямок) на ткани пространства-времени. Эти искажения ведут движущиеся массы по так называемым геодезическим кривым, которые в наших глазах выглядят как искривленные траектории, которые мы называем орбитами. Мудреным словом «геодезическая» математики обозначают кратчайшее расстояние между двумя точками на кривой поверхности, то есть в нашем случае это кратчайшее расстояние между двумя точками искривленной четырехмерной ткани пространства-времени. Пожалуй, изящнее всех сформулировал основную мысль Эйнштейна американский физик-теоретик Джон Арчибальд Уилер: «Вещество диктует пространству, как искривляться, пространство диктует веществу, как двигаться». Кстати, на старших курсах я ходил на спецкурс Джона Уилера по общей теории относительности (и познакомился там со своей будущей женой), где он частенько это повторял.

В целом общая теория относительности описывает две разновидности гравитации. Одна прекрасно нам знакома — это сила тяготения между подброшенным мячиком и Землей или между Солнцем и планетами. А еще ОТО предсказала другую разновидность — загадочное антигравитационное давление, связанное с вакуумом самого пространства-времени. Лямбда оберегала истинность представлений самого Эйнштейна и всех до единого физиков его времени: статус-кво статической Вселенной — нестабильную статическую Вселенную. А считать нестабильность естественным состоянием физической системы — это нарушение научного кредо. Нельзя утверждать, что целая Вселенная — это какой-то частный случай, почему-то уравновесившийся на веки вечные. В истории науки еще не бывало ничего, что вело бы себя подобным образом, такого не дают ни наблюдения, ни вычисления, ни воображение. Так что статическая Вселенная не имела надежного прецедента.

Прошло 13 лет, и в 1929 году американский астрофизик Эдвин Хаббл открыл, что Вселенная нестационарна. Он обнаружил — и подтвердил убедительными данными — что чем дальше от нас находится галактика, тем быстрее она удаляется от Млечного Пути. То есть Вселенная расширяется. Тогда Эйнштейн, которого с самого начала смущала космологическая постоянная, не имевшая соответствий среди сил природы, и который огорчился, что сам упустил возможность предсказать расширение Вселенной, отмёл идею лямбды, назвав ее «величайшей ошибкой» в своей жизни.

Удалив лямбду из своей формулы, он приписал ей значение ноль: ведь если, предположим, $A = B + C$, а потом узнаешь, что $A = 10$ и $B = 10$, получается, что A по-прежнему равно B плюс C, только C равно 0 и поэтому не нужно в этом уравнении.

Но это был еще не конец. Теоретики десятилетиями то и дело извлекали лямбду из чулана и вертели так и этак, представляя себе, как бы выглядели их гипотезы во Вселенной, где есть космологическая постоянная. Прошло 69 лет, и ученые эксгумировали лямбду в последний раз. В начале 1998 года две конкурирующие группы астрофизиков сделали громкие заявления. Одну из этих групп возглавлял Сол Перлмуттер из Национальной лаборатории имени Лоуренса в Беркли в штате Калифорния, а вторую — Брайан Шмидт из обсерваторий Маунт-Стромло и Сайдинг-Спринг в Австралии, неподалеку от Канберры, и Адам Рисс из Университета Джонса Хопкинса в Балтиморе в штате Мэриленд. Десятки самых далеких сверхновых — это разновидность взрывающихся звезд — оказались заметно тусклее, чем можно было ожидать, исходя из хорошо изученных закономерностей их поведения. Получилось, что либо далекие сверхновые ведут себя иначе, чем близкие, либо они находятся на 15% дальше, чем предсказывали общепринятые космологические модели. А значит, они разбегаются с ускорением, и «естественное» объяснение этому явлению известно только одно — эйнштейновская лямбда, космологическая постоянная.

И когда астрофизики смахнули с нее пыль и подставили обратно в первоначальные уравнения Эйнштейна, оказалось, что они теперь описывают ту Вселенную, которую мы наблюдаем.

* * *

Сверхновые, которые изучали Перлмуттер и Шмидт, оправдали свое участие в исследованиях на все сто. Каждая из них взрывалась одинаково — с небольшими отклонениями, — сжигала одно и то же количество топлива, высвобождала одно и то же исполинское количество энергии за одно и то же время и достигала при этом одного и того же пика светимости. То есть они служили своего рода меркой, «стандартной свечой» для вычисления космических расстояний до галактик, в которых они взорвались, в самых дальних уголках Вселенной.

Стандартные свечи кардинально упрощают вычисления: поскольку мощность у всех сверхновых одинаковая, тусклые находятся далеко, а яркие близко. Измерив их яркость (проще простого), можно точно сказать, на каком расстоянии они находятся от нас и друг от друга. Если бы у всех сверхновых была разная светимость, на основании одной лишь яркости нельзя было бы делать никаких выводов о расстоянии. Тусклая звезда могла бы оказаться и лампочкой на много ватт вдали, и лампочкой на мало ватт вблизи.

Прекрасно. Но есть и второй способ измерить расстояние до галактик — подсчитать скорость их удаления от нашего Млечного Пути, скорость того самого разбегания, которое неотъемлемо связано с расширением Вселенной. Как первым показал Хаббл, при расширении Вселенной далекие объекты удаляются от нас быстрее, чем близкие. Так что, если рассчитать скорость удаления галактики (еще одна простая задачка), можно вывести расстояние до нее.

Если два этих испытанных метода дают для одного и того же объекта разные расстояния, значит, где-то вкралась ошибка. Либо из сверхновых получились плохие стандартные свечи, либо наша модель измерения темпа расширения Вселенной на основании скоростей галактик неверна.

Так вот, ошибка действительно вкралась. Оказалось, что из сверхновых получаются великолепные стандартные свечи, выдержавшие скрупулезную проверку многих ученых-скептиков, так что вариант остался только один: астрофизики получили Вселенную, которая расширяется быстрее, чем мы думали, и от этого галактики разбежались дальше, чем предсказывали расчеты. И объяснить ускоренное разбегание не удавалось ничем, кроме лямбды — космологической постоянной Эйнштейна.

Это было первое прямое свидетельство, что Вселенную пронизывает отталкивающая сила, противостоящая гравитации, и именно поэтому и пришлось воскресить лямбду. Космологическая постоянная внезапно обрела физический смысл, ей потребовалось название, и на авансцену космической драмы вышла «темная энергия»: в этом имени удачно сочетаются и завеса тайны, и наше глубокое непонимание причин происходящего. В 2011 году Перлмуттер, Шмидт и Рисс получили за это открытие заслуженную Нобелевскую премию.

Самые точные расчеты на сегодня показывают, что темная энергия — это главная достопримечательность нашей Вселенной: она отвечает за 68 % всей массы-энергии во Вселенной — еще 27 % составляет темное вещество, а обычному веществу остается всего-то 5 %.

* * *

Форма нашей четырехмерной Вселенной определяется соотношением между количеством вещества и энергии, обитающих в космосе, и темпом расширения космоса. Это соотношение для удобства математических записей условились обозначать заглавной греческой буквой «омега» — Ω; очередная греческая буква, держащая в узде все мироздание.

Если взять плотность вещества-энергии во Вселенной и поделить на плотность вещества-энергии, которая нужна, чтобы всего лишь остановить расширение (так называемая «критическая плотность»), получится омега.

Поскольку и масса, и энергия заставляют пространство-время искажаться, то есть искривляться, омега говорит нам о форме космоса.

Если омега меньше единицы, то реальное значение массы-энергии падает ниже критического, и Вселенная расширяется вечно, во всех направлениях и все время, принимая форму седла, при которой изначально параллельные линии расходятся.

Если омега равна единице, Вселенная расширяется вечно — но скорость ее расширения все время уменьшается. В этом случае она плоская, и в ней работают геометрические законы, которые мы изучали в школе: в частности, параллельные прямые не пересекаются.

Если омега больше единицы, параллельные линии сходятся, Вселенная свертывается и, в конце концов, превращается в тот же огненный шар, каким была вначале.

С тех самых пор, как Хаббл открыл расширение Вселенной, ни одной группе экспериментаторов ни разу не удалось получить омегу, хоть сколько-нибудь близкую к единице. Сумма всей массы и энергии, которую удалось зарегистрировать при помощи телескопов, и даже самые смелые экстраполяции с учетом темного вещества давали в лучшем случае $\Omega = 0{,}3$. Согласно этой экспериментальной картине Вселенная получалась «открытой» для любых переговоров и скакала в бесконечное будущее в ковбойском седле.

Тем временем, начиная с 1979 года, американский физик Алан Гут из Массачусетского технологического института и другие ученые работали над поправкой к теории Большого взрыва, которая позволяла избавиться от некоторых неприятных осложнений, не позволявших получить модель Вселенной, наполненной веществом и энергией так равномерно, как наша. Фундаментальный побочный продукт этой поправки к теории Большого взрыва — омега, приближающаяся к единице. Не к одной второй. Не к двум. Не к миллиону. К единице.

Впрочем, едва ли на свете нашелся физик-теоретик, который не согласился бы с этим условием, поскольку оно помогало объяснить глобальные свойства нынешней Вселенной Большим взрывом. Однако оставалась одна маленькая трудность: согласно поправке, во Вселенной было втрое больше массы-энергии, чем наблюдали экспериментаторы. Теоретиков это не смутило: значит, заявили они, экспериментаторы плохо искали.

По всем расчетам видимое вещество обеспечивает не больше 5% критической плотности. А как же загадочное темное вещество? Его тоже посчитали. Ни тогда, ни сейчас никто не знал, что это такое, но свой вклад в общую сумму оно точно вносит. Темного вещества в пять-шесть раз больше, чем видимого. Но и этого еще мало. Экспериментаторы растерялись, а теоретики настаивали: «Ищите дальше». В каждом лагере были уверены, что в другом ошибаются, — пока не открыли темную энергию. Этого компонента хватило, чтобы в сочетании с обычными веществом и энергией и темным веществом поднять плотность до критической отметки. К вящему удовольствию как теоретиков, так и экспериментаторов.

Теоретики и экспериментаторы впервые пришли к миру и согласию. Оказалось, правы и те и другие — по-своему. Омега и правда равна единице, как требовали от Вселенной теоретики, хотя эту величину и не получить простым сложением всего вещества, и обычного, и темного, как они предполагали по наивности. Сегодня в космосе не больше вещества, чем рассчитывали наблюдатели. Никто не ожидал, что в космосе есть столько темной энергии, и тем более никто не думал, что именно она станет великим миротворцем.

Что же это такое? Никто не знает. Самая правдоподобная догадка — что темная энергия представляет собой квантовое свойство космического вакуума, который вовсе не пуст, а полон частиц и их двойников из антивещества. Они то возникают, то аннигилируют, и происходит это так быстро, что их не успевают зарегистрировать. Потому-то их и прозвали виртуальными частицами — за эфемерность. Великое наследие квантовой физики — науки о микромире — требует, чтобы мы отнеслись к этой гипотезе очень серьезно. Каждая пара виртуальных частиц оказывает на окружающее пространство крошечное давление, когда ненадолго вторгается в него. К сожалению, если оценить суммарное отталкивающее «давление вакуума», которое дают за свою краткую жизнь виртуальные частицы, результат окажется более чем в 10^{120} раз больше, чем экспериментально полученное значение космологической постоянной. Этот множитель обескураживающе огромен: перед нами самое крупное расхождение теории и наблюдений за всю историю науки.

Да, мы понятия не имеем, в чем тут дело. Однако это не абсолютное невежество. Темная энергия не мчится по волнам научных знаний без руля и без ветрил в виде хоть какой-нибудь теории. Она обитает едва ли не в самой тихой гавани на свете — в эйнштейновских уравнениях общей теории относительности. Это космологическая постоянная. Это лямбда. Чем бы ни оказалась темная энергия, мы уже знаем, как ее измерить и как рассчитать ее воздействие в прошлом, настоящем и будущем космоса. Так что величайшей ошибкой в жизни Эйнштейна было как раз объявить, что лямбда — его величайшая ошибка.

Охота в разгаре. Теперь мы знаем, что темная энергия существует на самом деле, и группы астрофизиков запустили многообещающие программы с целью измерить расстояния и рост структуры Вселенной на основании данных с земных и космических телескопов. Эти наблюдения позволят изучить во всех подробностях, как темная энергия повлияла на историю расширения Вселенной, так что теоретикам будет чем заняться. Им очень нужно оправдаться за то, как они опозорились с оценкой количества темной энергии.

Может быть, нам нужна какая-то альтернатива ОТО? Может быть, следует кардинально пересмотреть отношения между ОТО и квантовой механикой? А может быть, еще не родился тот умник, который разработает теорию темной энергии?

Лямбда и расширяющаяся Вселенная примечательны тем, что отталкивающая сила возникает из вакуума, а не из чего-то материального. Когда вакуум расширяется, плотность вещества и известной нам энергии во Вселенной уменьшается — и тем сильнее становится относительное воздействие лямбды на положение дел в космосе. Чем сильнее отталкивающее давление вакуума, тем вакуума больше, а чем больше вакуума, тем сильнее его отталкивающее давление — этим и объясняется бесконечно возрастающее по экспоненте расширение Вселенной.

А следовательно, все то, что не связано гравитационными узами с окрестностями Млечного Пути, будет удаляться от нас с возрастающей скоростью — в рамках ускоряющегося расширения ткани пространства-времени. Далекие галактики, которые мы сейчас видим на ночном небе, в конце концов скроются за недостижимым горизонтом, поскольку будут удаляться от нас со скоростью больше скорости света. Да-да, такое возможно, поскольку это не они сами движутся через космическое пространство со сверхсветовой скоростью — это ткань самой Вселенной несет их. Законы физики этого не запрещают.

Пройдет около триллиона лет, и все живое в нашей галактике, вероятно, не будет знать, что существуют и другие галактики. Вся наблюдаемая Вселенная сведется к горстке близких долгоживущих звезд в пределах Млечного Пути. А за звездной ночью раскинется безграничная пустота — тьма на поверхности бездны.

Темная энергия, фундаментальное свойство космоса, в конце концов лишит будущие поколения возможности понять устройство Вселенной, с которой они имеют дело. Если современные астрофизики не оставят подробные записи по всей галактике и не закопают их где-нибудь в удивительной капсуле времени, рассчитанной на триллион лет, ученые пост-апокалиптической эпохи не будут знать ничего о галактиках, главнейшей форме организации вещества в нашем космосе, а следовательно, лишатся доступа к самым интересным страницам космической драмы нашей Вселенной.

А теперь познакомьтесь — мой самый страшный сон: вдруг и мы тоже упускаем из виду какие-то фундаментальные свойства, которыми обладала

Вселенная в прошлом? Какие страницы космической истории помечены для нас грифом «совершенно секретно»? Чего не хватает в наших теориях и наших уравнениях — вдруг в них нет того, без чего мы будем вынуждены вечно вслепую задавать вопросы без ответов?

7

КОСМИЧЕСКАЯ ТАБЛИЦА

Чтобы ответить на самые тривиальные вопросы, зачастую требуются глубокие и обширные знания о космосе. На уроке химии в школе я спросил учителя, откуда взялись элементы из таблицы Менделеева. Он ответил, что из земной коры. Спасибо. Не сомневаюсь, что образцы для школьной лаборатории были взяты именно оттуда. А откуда они появились в земной коре?

Ответ нужно искать в области астрономии. Но так ли уж необходимо знать, откуда взялась и как развивалась Вселенная, чтобы ответить на этот вопрос?

Да, необходимо.

Во время Большого взрыва выработались лишь три элемента из всех встречающихся в природе.

Во время Большого взрыва выработались лишь три элемента из всех встречающихся в природе.

А все остальные выплавлены в высокотемпературных недрах звезд и во время взрывов умирающих звезд, благодаря чему последующие поколения звездных систем смогли воспользоваться этими богатствами и сформировать планеты, а в нашем случае еще и людей.

Для многих периодическая таблица Менделеева — это какая-то полузабытая диковина, огромный плакат, расчерченный на квадраты с какими-то загадочными буквами, который они последний раз видели на стене кабинета химии в школе. А между тем, эта таблица должна служить культурной иконой, свидетельством успехов науки как общечеловеческого начинания, достигнутых и в лабораториях, и на ускорителях частиц, и на границах неизведанного во Вселенной — ведь она представляет собой организационный принцип химического поведения всех элементов во Вселенной, и уже известных, и еще не открытых.

И все же то и дело даже ученые нет-нет да и сочтут таблицу Менделеева этаким зоопарком невиданных зверей из детской книжки. А иначе разве можно поверить, что натрий — ядовитый реактивный металл, который можно резать столовым ножом, а чистый хлор — вонючий смертоносный газ, но если их совместить, получится хлорид натрия — безвредное и даже необходимое для жизнедеятельности соединение, известное как поваренная соль? А водород с кислородом? Один — взрывоопасный газ, другой запускает процессы окисления, а вместе они составляют жидкую воду, которой тушат огонь.

Среди всех этих химических головоломок мы обнаруживаем и элементы, играющие важную роль в жизни всей Вселенной, а потому позвольте представить таблицу Менделеева глазами астрофизика.

Водород

1 1.008
H
Hydrogen

Ядро водорода состоит всего из одного протона, вот почему это самый простой и легкий элемент, возникший целиком и полностью во время Большого взрыва. В природе встречаются 94 элемента, однако именно водород составляет более двух третей всех атомов в человеческом организме и более 90 % всех атомов в космосе на любых масштабах вплоть до Солнечной системы. В ядре массивной планеты Юпитер водород находится под таким давлением, что ведет себя не как газ, а как металл, проводящий электричество, и создает магнитное поле — самое сильное среди всех планет. Водород открыл английский химик Генри Кавендиш в 1766 году, когда проводил эксперименты с H_2O (водород недаром получил такое название). Однако астрофизики знают Кавендиша как первого ученого, который рассчитал массу Земли, после того как измерил точное значение гравитационной постоянной в знаменитом ньютоновом законе всемирного тяготения.

В природе встречаются 94 элемента, однако именно водород составляет более двух третей всех атомов в человеческом организме и более 90 % всех атомов в космосе

И днем, и ночью, каждую секунду 4,5 миллиарда тонн стремительно движущихся ядер водорода превращаются в энергию, когда сталкиваются и превращаются в гелий в ядре Солнца, температура которого составляет 15 миллионов градусов.

Гелий

2 4.003
He
Helium

Гелий широко известен как газ с низкой плотностью, который довольно легко раздобыть, а если вдохнуть, он временно повышает частоту вибраций голосовых связок, так что начинаешь пищать, как Микки-Маус. Гелий занимает второе место среди элементов и по простоте, и по распространенности во Вселенной. Хотя по распространенности он очень отстает от водорода, все же его в четыре раза больше, чем всех остальных элементов во Вселенной вместе взятых. Один из столпов космологии Большого взрыва — предсказание, что в любой области космоса гелий составляет не менее 10 % всех атомов, и именно в таком количестве он возник в огненном шаре первичной Вселенной. Поскольку гелий также получается из водорода в ходе термоядерного синтеза в недрах звезд, в некоторых областях космоса, вероятно, гелия накопилось больше 10 %, однако, по расчетам, его не может быть меньше — нигде, ни в одной области Галактики.

Лет за тридцать до того, как гелий открыли и выделили на Земле, астрономы заметили его в спектре солнечной короны во время полного солнечного затмения в 1868 году. Как мы уже отмечали, название «гелий», что логично, образовано от имени Гелиоса — древнегреческого бога Солнца. А поскольку плавучесть гелия в воздухе составляет 92 % от плавучести водорода и при этом он, в отличие от водорода, не взрывоопасен, гелий служит идеальным наполнителем для огромных фигурных воздушных шаров для парада в День Благодарения, который устраивает сеть универмагов «Мэйси», — отчего «Мэйси» и стала самым крупным потребителем этого газа в США, уступая только армии.

Литий

3 6.939
Li
Lithium

Третий по простоте элемент во Вселенной — литий: у него в ядре всего три протона. Литий, как и водород и гелий, возник во время Большого взрыва, однако, в отличие от гелия, который вырабатывается в недрах звезд, литий разрушается в ходе всех известных ядерных реакций. Еще один прогноз космологии Большого взрыва состоит в том, что атомы лития составляют не более одного процента всех атомов в любой области Вселенной. Еще не удалось найти ни одной галактики, где лития было бы больше этого верхнего предела, заданного Большим взрывом. Сочетание верхнего предела лития и нижнего предела гелия дает мощную пару констант для проверок различных гипотез в рамках космологии Большого взрыва.

Углерод

6 12.011
C
Carbon

Элемент углерод входит в огромное количество разных молекул — соединений с его участием во Вселенной больше, чем всех остальных разновидностей молекул вместе взятых. Учитывая распространенность углерода в космосе — он вырабатывается в ядрах звезд, вытекает на их поверхности и в изобилии извергается в галактическое пространство — нет лучше элемента, чтобы строить биохимию и разнообразие жизни. Следом за ним по распространенности с небольшим отрывом идет кислород — его тоже много во Вселенной, и он тоже вырабатывается в звездах и высвобождается, когда они взрываются. Углерод и кислород — главные ингредиенты известной нам живой материи.

Кремний

14 28.086
Si
Silicon

А как же не известная нам живая материя? Что можно сказать о жизни, основанной на элементе кремнии? В таблице Менделеева кремний располагается прямо под углеродом, то есть, в принципе, способен создавать такое же богатое портфолио молекул. Правда, в конце концов, по нашим расчетам, победит все-таки углерод, поскольку во Вселенной его в десять раз больше, чем кремния. Но это не останавливает писателей-фантастов, которые держат экзобиологов в постоянном напряжении, придумывая различных кремний-органических инопланетян.

Натрий

11 22.99
Na
Sodium

Натрий не только входит в состав поваренной соли, но и представляет собой на сегодня самый распространенный светящийся газ в уличных фонарях. Натриевые лампы горят дольше и ярче ламп накаливания, хотя, вероятно, скоро их вытеснят светодиодные, которые при той же мощности горят ярче и обходятся дешевле. Натриевые лампы бывают двух разновидностей: лампы высокого давления, дающие желтовато-белый свет, и более редкие лампы низкого давления — оранжевые. Световое загрязнение неба в любом случае вредно для астрофизики, однако, оказывается, натриевые лампы низкого давления немного лучше, поскольку свет, которым они загрязняют небо, легче вычесть из изображений, получаемых телескопами. Пример сотрудничества гражданского общества и ученых подал город Таксон в штате Аризона — ближайший к Национальной обсерватории Китт-Пик крупный населенный пункт: его муниципалитет по договоренности с местными астрофизиками заменил во всех уличных фонарях лампы накаливания на натриевые низкого давления.

Алюминий

13 26.982
Al
Aluminium

Алюминий составляет почти 10 % земной коры, однако древние люди его не знали, а нашим прапрадедам он был в диковинку. Этот элемент удалось выделить и описать лишь в 1827 году, а в обиход он вошел лишь в конце 60-х годов XX века, когда на смену жестяным консервным банкам и оловянной фольге пришли алюминиевые консервные банки и, конечно, алюминиевая фольга (хотя консервные банки мы иногда по старинке зовем жестянками). Полированный алюминий — практически идеальный отражатель видимого света, поэтому сегодня именно им покрывают большинство зеркал для телескопов.

Титан

22 47.90
Ti
Titanium

Титан плотнее алюминия в 1,7 раза и при этом более чем вдвое прочнее. Поэтому титан, девятый по распространенности элемент в земной коре, в наши дни греется в лучах заслуженной славы: ему нашли множество применений, в том числе в протезах и в деталях военных самолетов, словом, везде, где нужен легкий, но очень прочный металл.

Почти везде в космосе атомы кислорода превосходят числом атомы углерода. После того как все атомы углерода расхватали доступные атомы кислорода (сформировав таким образом либо углекислый, либо угарный газ), оставшийся кислород соединяется с другими элементами, например, с титаном. Спектры красных звезд полны сигнатур оксида титана, который, впрочем, встречается и в земных звездах, поскольку звездчатые сапфиры и рубины обязаны своими сверкающими узорами именно вкраплениям оксида титана в кристаллическую решетку.

Более того, белая краска, которой покрывают купола телескопов, тоже содержит оксид титана, который ко всему прочему прекрасно отражает инфракрасную часть спектра, поэтому воздух вокруг телескопа гораздо меньше нагревается от солнечного света. Ночью, когда купол открыт, температура воздуха в куполе вокруг телескопа быстро выравнивается с температурой ночного воздуха, поэтому свет от звезд и других космических объектов виден четко и незамутненно. Свое название титан получил не в честь какого-то космического объекта, а непосредственно в честь титанов из древнегреческой мифологии, хотя Титаном также называют самый большой спутник Сатурна.

Железо

26 55.847
Fe
Iron

Железо по нескольким параметрам считается важнейшим элементом во Вселенной. Массивные звезды вырабатывают элементы в своем ядре в следующем порядке: сначала гелий, потом углерод, кислород, азот и так далее по таблице Менделеева. В ядре железа 26 протонов и по меньшей мере столько же нейтронов, и у него есть одно особенное свойство: среди всех атомных ядер у него меньше всего энергии приходится на одну частицу. Из этого следует простой вывод: если расщеплять атомы железа, они будут поглощать энергию. И если создавать атомы железа в процессе термоядерного синтеза, они тоже будут поглощать энергию. Когда массивные звезды вырабатывают и накапливают железо в своих недрах, они рискуют жизнью. Без мощного источника энергии звезда схлопывается под собственным весом, происходит страшный взрыв — и получается сверхновая, которая неделю напролет сияет ярче миллиарда звезд.

Галлий

31 69.72
Ga
Gallium

Мягкий металл галлий плавится при такой низкой температуре, что потечет у вас на ладони, как масло какао. В остальном, помимо этого салонного фокуса, галлий для астрофизиков ничем не интересен, кроме того, что он входит в состав хлорида галлия, который применяется в экспериментах по обнаружению неуловимых солнечных нейтрино. Огромный, на сто тонн, подземный бак с жидким хлоридом галлия находится под постоянным наблюдением: ученые ждут, когда нейтрино столкнутся с ядрами галлия и превратят их в германий. От этого столкновения испускается рентгеновское излучение, и его-то и регистрируют приборы каждый раз, когда нейтрино попадает в ядро. При помощи подобных «телескопов» сперва обнаружили, что на Землю прилетает меньше нейтрино, чем предсказывает теория солнечного нуклеосинтеза, и этот парадокс несколько десятилетий оставался нерешенным, пока другие эксперименты не показали, что нейтрино просто умеют на лету менять свой тип, превращаясь в невидимок для галлиевых детекторов.

Технеций

43 98
Tc
Technetium

Элемент технеций радиоактивен во всех формах. Неудивительно, что на Земле он встречается только в ускорителях частиц, где его изготавливают по требованию. За это технеций и получил свое название — от древнегреческого «технетос», «искусственный». По не вполне понятным причинам технеций обитает в атмосферах одного особого подвида красных звезд. Само по себе это не страшно, однако период полураспада у технеция составляет всего два миллиона лет, а это гораздо меньше возраста и ожидаемой продолжительности жизни тех звезд, в которых его обнаруживают. То есть технеций присутствует в составе звезды не от рождения — иначе к нашему времени его бы там уже не осталось. А кроме того, не известно ни одного механизма, который позволял бы технецию вырабатываться в недрах звезды, а затем просачиваться на поверхность, где мы его наблюдаем, и это привело к рождению всевозможных экзотических теорий, которым еще предстоит добиться консенсуса в астрофизическом сообществе.

Иридий

77 192.2
Ir
Iridium

Иридий наряду с осмием и платиной — один из трех самых тяжелых (читай — плотных) элементов в таблице Менделеева: два кубических фута иридия, то есть примерно 57 литров, весят как «Бьюик», так что из иридия получаются лучшие в мире пресс-папье, которым нипочем любые офисные вентиляторы. Кроме того, иридий — самый известный на свете «дымящийся пистолет»:

тонкий слой иридия залегает на знаменитой мел-палеогеновой границе геологических пластов, возникшей 65 миллионов лет назад (старожилы называют ее мел-третичной). Отнюдь не случайно именно тогда вымерли все сухопутные животные размером больше саквояжа, в том числе наши любимые динозавры. На поверхности Земли иридий встречается редко, однако довольно распространен в десятикилометровых металлических астероидах, которые, врезавшись в Землю, при ударе испарялись и распыляли свои атомы. Так что, какой бы ни была ваша любимая теория вымирания динозавров, первым пунктом в списке вероятных кандидатов все равно будет астероид-убийца размером с Эверест.

Эйнштейний

99 [254]
Es
Einsteinium

Не знаю, как отнесся к этому сам старина Альберт, но после первых испытаний водородной бомбы на атолле Эниветок 1 ноября 1952 года в радиоактивном мусоре обнаружили новый элемент, которому дали имя «эйнштейний». Лично я назвал бы его «армагеддоний».

Между тем десять элементов в таблице Менделеева были названы в честь небесных тел, вращающихся вокруг Солнца.

Фосфор

15 30.974
P
Phosphorus

Фосфор — слово древнегреческого происхождения и означает «светоносный»: так в древности называли планету Венеру, когда она появлялась на предзакатном небе.

Селен

34 78.96
Se
Selenium

Селен получил название от слова «Селена» — так древние греки именовали Луну — и всегда ассоциировался с элементом теллурием, который назван в честь Земли от латинского «теллус».

Церий и палладий

58 140.12
Ce
Cerium

46 106.4
Pd
Palladium

1 января 1801 года итальянский астроном Джузеппе Пиацци открыл новую планету, которая вращается по орбите вокруг Солнца в подозрительно широком промежутке между Марсом и Юпитером. В соответствии в традицией называть планеты в честь римских богов новое небесное тело назвали Церерой в честь богини урожая.

Научное сообщество пришло в такое волнение, что первый элемент, открытый после этой даты, назвали церием. Прошло два года — и была обнаружена еще одна планета, вращающаяся вокруг Солнца в том же промежутке, что и Церера. Ее назвали Палладой — в честь римской богини мудрости, — а затем, как и в случае с Церерой, дали соответствующее имя первому элементу, открытому после этого. Он называется палладий. Несколько десятилетий спустя этому фестивалю названий пришел конец. Были открыты десятки подобных планет в той же орбитальной зоне, и тщательный анализ показал, что они во много раз меньше самых маленьких известных планет. В Солнечной системе нашли новый, так сказать, участок застройки, населенный мелкими обломками камня и металла неправильной формы. Оказалось, что Церера и Паллада — не планеты, а астероиды, и обитают они в поясе астероидов, в котором, как мы теперь знаем, находятся десятки тысяч объектов — а это немного больше, чем элементов в таблице Менделеева.

Ртуть

80 200.59
Hg
Mercury

Металл ртуть, который при комнатной температуре пребывает в жидком и быстротекучем состоянии, на многих языках называется в честь планеты

Меркурий, самой быстрой из планет Солнечной системы, а та получила имя в честь быстроногого римского бога-вестника.

Торий

90 232.04
Th
Thorium

Торий называется в честь Тора — могучего скандинавского бога-громовержца. В римском пантеоне ему соответствует могучий бог-громовержец Юпитер. И космический телескоп имени Хаббла и в самом деле — слава Юпитеру! — увидел в полярных областях этой планеты, в толще грозовых туч, мощные электрические разряды.

Уран

92 238.03
U
Uranium

Моя любимая планета — Сатурн (после Земли, конечно, но Сатурн следующий), однако в честь нее, увы, не называли химических элементов, зато у Урана, Нептуна и Плутона в таблице Менделеева есть знаменитые крестники. Элемент уран был открыт в 1789 году и назван в честь планеты, обнаруженной Уильямом Гершелем всего за восемь лет до этого. Все изотопы урана нестабильны, они спонтанно распадаются на более легкие элементы, и этот процесс сопровождается высвобождением энергии. Первая в истории атомная бомба, использованная в военных целях, была создана на основе урана. Соединенные Штаты Америки сбросили ее на Хиросиму 6 августа 1945 года и практически стерли этот японский город с лица Земли. В ядре урана — 92 протона, поэтому его принято считать «самым крупным» элементом, встречающимся в природе, хотя в урановых шахтах находят следы еще более крупных элементов.

Нептуний

93 [237]
Np
Neptunium

Если Уран заслуживает, чтобы в его честь назвали элемент, то и Нептун ничем не хуже. Однако, в отличие от урана, который был открыт вскоре после планеты, нептуний обнаружили лишь в сороковые годы прошлого века на циклотроне в Беркли — то есть спустя целых 97 лет после того, как немецкий астроном Иоганн Галле узнал Нептун в пятнышке на небосклоне, появление которого в этом месте и в это время предсказал французский математик Жозеф де Верье, изучавший странное поведение Урана на орбите. Нептун в Солнечной системе находится сразу после Урана — так и нептуний в таблице Менделеева стоит сразу за ураном.

Плутоний

94 [244]
Pu
Plutonium

На циклотроне в Беркли открыли (или получили?) многие элементы, не встречающиеся в природе, в том числе плутоний, который стоит в таблице следующим после нептуния и назван в честь Плутона, а открыл его Клайд Томбо в Аризонской обсерватории Лауэлла в 1930 году. Это открытие вызвало не меньшую сенсацию, чем обнаружение Цереры 129 годами раньше. Плутон был первой планетой, которую открыл американец, и в отсутствие более качественных данных считали, что эта планета сопоставима по размерам и массе с Землей, а может быть, и с Ураном и Нептуном. Предпринимались все новые попытки точнее измерить параметры Плутона, и получалось, что он все меньше и меньше. Представления о габаритах этой планеты стабилизировались лишь к концу 80-х годов XX века. Теперь мы знаем, что холодный ледяной Плутон — с большим отрывом самый маленький из девяти планет, он даже меньше, чем шесть самых крупных лун в Солнечной системе. Вышло как с астероидами: впоследствии на внешнем крае Солнечной системы были обнаружены сотни небесных тел с орбитами, похожими на орбиту Плутона, что положило конец его карьере планеты. Более того, ученые открыли ранее не известную область, заполненную мелкими ледяными объектами, — так называемый пояс комет Койпера, к которому принадлежит и Плутон. С этой точки зрения можно утверждать, что Церера, Паллада и Плутон пролезли в таблицу Менделеева по подложным документам.

Нестабильный обогащенный плутоний также использовался в военных целях и был активным ингредиентом атомной бомбы, которую Соединенные Штаты сбросили на Нагасаки всего через три дня после Хиросимы, что и положило конец Второй мировой войне. Небольшие количества необогащенного радиоактивного плутония применяют как топливо в радиоизотопных термоэлектрических генераторах (сокращенно РИТЭГ, а как же еще) на космических зондах, которые отправляют на внешние края Солнечной системы, где интенсивность солнечного света настолько низка, что использовать солнечные батареи уже нельзя. Полкило плутония хватает, чтобы сгенерировать десять миллионов киловатт-часов тепловой энергии, а этого достаточно, чтобы обычная электрическая лампочка горела одиннадцать тысяч лет — или для пропитания одного человека в течение такого же времени, если бы мы питались ядерным топливом, а не продуктами из супермаркета.

* * *

Наше космическое путешествие по периодической таблице Менделеева подходит к концу — мы побывали и на границах Солнечной системы, и даже дальше. По причинам, которых я пока не понимаю, многие люди недолюбливают химикаты, что отчасти объясняет упорство борцов против «химии» в пище. Может, дело в том, что головоломные названия химических соединений очень уж страшны на вид. Однако в этом виноваты химики, а не химия и не химикаты. Лично я люблю химикаты — во всей Вселенной. Ведь из них состоят и мои любимые звезды, и мои лучшие друзья.

8

ШАР — ИДЕАЛЬНАЯ ФОРМА

В космосе почти не бывает ничего острого и угловатого — кроме кристаллов и обломков камня. В природе часто встречаются предметы и существа удивительной формы, однако особенно много круглого: список всего шарообразного практически бесконечен, от мыльных пузырей до наблюдаемой Вселенной как таковой. Простые физические законы очень способствуют возникновению именно сфер, а не других геометрических форм. Это настолько очевидно, что мы, когда ставим мысленные эксперименты, зачастую предполагаем, что что-то имеет форму сферы, именно для того, чтобы уловить основные принципы и закономерности, даже если знаем, что на самом деле предмет совсем не шарообразен. Короче говоря, если не понимаешь, что происходит в случае сферы, нельзя претендовать на то, что разбираешься в базовой физике предмета.

Сферы в природе создаются под влиянием различных сил, например, поверхностного натяжения, которое хочет, чтобы предметы были как можно меньше по всем направлениям. Поверхностное натяжение жидкости, создающее мыльные пузыри, стискивает воздух со всех сторон. Цель пузыря — в считанные мгновения охватить заданный объем воздуха поверхностью минимальной площади. Так пузырь получится максимально прочным, поскольку мыльной пленке не придется растягиваться и становиться тоньше насущно необходимого. Простые вычисления, которые под силу старшекласснику, покажут, что единственная форма, дающая при заданном объеме минимальную площадь замкнутой поверхности, — это идеальная сфера. Более того, можно было бы экономить миллиарды долларов ежегодно на упаковочных материалах, если бы всю упаковку и для перевозок, и в магазинах делали шарообразной. Скажем, содержимое большой коробки кукурузных колечек для завтрака легко уместилось бы в сферическую пачку радиусом в 12 сантиметров. Однако практические соображения берут верх: никто не хочет гоняться за шарообразными продуктами по проходам супермаркета, если они случайно упадут с полки.

На Земле изготавливать шарики можно промышленно — например, если капать отмеренные дозы расплавленного металла в глубокую шахту. Как правило, капля, немного поколыхавшись, принимает сферическую форму, но ей нужно еще некоторое время, чтобы застыть, прежде чем упасть на дно. На орбитальных космических станциях, где все предметы ничего не весят, можно просто аккуратненько брызгать отмеренными количествами расплавленного металла во все стороны, а потом спокойно ждать: шарики будут висеть в воздухе и остывать и в конце концов превратятся в идеальные сферы — поверхностное натяжение сделает за вас всю работу.

Простые вычисления, которые под силу даже старшекласснику, покажут, что единственная форма, дающая при заданном объеме минимальную площадь замкнутой поверхности, — это идеальная сфера.

* * *

Крупные космические объекты становятся круглыми благодаря сговору энергии с гравитацией. Гравитация — это сила, которая заставляет вещество схлопываться по всем направлениям, но она не всегда побеждает, поскольку химические связи твердых тел очень прочны. Гималаи выросли против земного тяготения благодаря прочности кристаллических пород. Но прежде чем восхищаться величественными горами на суше, следует учесть, что расстояние от дна глубоководных океанских впадин до вершин высочайших гор составляет примерно двадцать километров, а диаметр Земли — около 12000 километров. Так что все это гигантские высоты и глубины лишь с точки зрения крошечных людишек, копошащихся на поверхности, а как космический объект Земля на удивление гладкая. Если бы у вас был суперогромный великанский палец, и вы провели бы им по земной поверхности (вместе с горами и океанами), Земля показалась бы вам гладкой, словно бильярдный шар. Шикарные дорогие глобусы, на которых вылеплен земной рельеф, — это грубейшее преувеличение. Вот почему Земля из космоса выглядит точь-в-точь идеальной сферой — несмотря на все свои горы и долины, а также на то, что она слегка сплющена с полюсов.

К тому же земные горы — сущая ерунда по сравнению с горами на других телах Солнечной системы. Самая высокая гора на Марсе — гора Олимп — имеет высоту почти 20 километров и ширину у основания — почти 500 километров. По сравнению с ней гора Мак-Кинли на Аляске — низенький муравейник. Космический метод строительства гор очень прост: чем меньше гравитация на поверхности объекта, тем выше получаются горы. Земные горы не могут быть намного выше горы Эверест, иначе нижние слои скальных пород поддадутся и просядут под весом горы. Если гравитация на поверхности твердого тела достаточно низка, химические связи в скальных породах сопротивляются давлению собственного веса пород. А тогда возможна практически любая форма.

Две самые знаменитые небесные не-сферы — это Фобос и Деймос, спутники Марса, несколько похожие на апельсиновые дольки. На Фобосе, средний диаметр которого всего 22 километра, человек весом в 70 земных килограммов весил бы всего 115 граммов.

Две самые знаменитые небесные не-сферы — это Фобос и Деймос, спутники Марса, несколько похожие на апельсиновые дольки.

В космосе поверхностное натяжение всегда заставляет каплю жидкости принимать форму сферы. Если видишь маленькое твердое тело подозрительно шарообразной формы, резонно предположить, что оно приобрело ее в расплавленном состоянии. Если у капли или комка вещества очень большая масса, они могут состоять практически из чего угодно, а уж гравитация проследит, чтобы они стали шарообразными.

Фобос

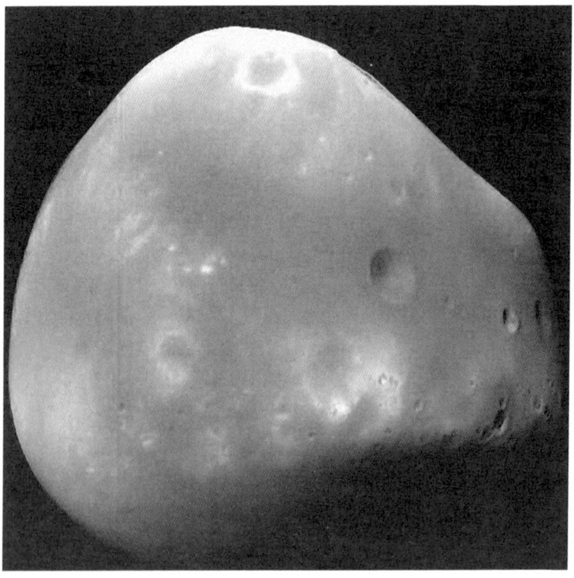

Деймос

Большие и массивные облака газа в галактике могут слипаться и образовывать почти идеальные газовые сферы — звезды. Но если звезда оказывается слишком близко к другому объекту со значительной гравитацией, сфера искажается — вещество звезды отрывается от нее. Когда я говорю «слишком близко», то имею в виду «слишком близко к полости Роша другого объекта»: это область, названная в честь математика Эдуарда Роша, жившего в середине XIX века, который изучал гравитационные поля в окрестностях двойных звезд. Теоретически полость Роша — это объемная оболочка в виде гантели, окружающая любые два объекта, которые движутся по орбитам друг вокруг друга. Если газообразное вещество из одного объекта выходит из своей оболочки, оно падает на второй объект. Это сплошь и рядом случается у двойных звезд, когда одна из них разбухает, становится красным гигантом и переполняет свою полость Роша. Тогда форма красного гиганта перестает быть сферической и напоминает вытянутую конфету-трюфель. Более того, то и дело случается, что одна из звезд в паре — черная дыра, положение которой можно определить только по тому, как она обдирает свою компаньонку. Спирали газа, тянущиеся от гиганта через его полость Роша, разогреваются до колоссальных температур и сначала начинают светиться, а потом исчезают в недрах черной дыры.

Звезды галактики Млечный Путь образуют большой плоский диск. Соотношение диаметра к толщине у него составляет тысячу к одному, так что наша галактика площе самого плоского блина на свете. Это даже больше похоже на какую-нибудь тортилью. Нет, диск Млечного Пути точно не сфера, однако, вероятно, изначально наша Галактика тоже была шарообразной.

Как она стала плоской, понять нетрудно: представим себе, что когда-то Галактика была большим шарообразным облаком коллапсирующего газа, которое медленно вращалось. При коллапсе шар вращался все быстрее и быстрее — как фигуристы, когда они прижимают руки к телу, чтобы ускорить вращение. Галактика естественным образом сплющивалась с полюсов, а центробежные силы предотвращали коллапс в центре диска. Так что если бы колобок увлекся фигурным катанием — в раннем детстве, когда его еще не испекли, — плохой конец у сказки настал бы еще раньше.

Все звезды, сформировавшиеся в облаке Млечного Пути до коллапса, вращаются по широким высокоскоростным орбитам. Оставшийся газ, легко налипающий сам на себя, будто в воздухе сталкиваются две горячие зефирины, застревает в середине диска и отвечает за все последующие поколения звезд, в том числе и за Солнце. В наши дни Млечный Путь не схлопывается и не расширяется, поскольку представляет собой гравитационно созревшую систему, где звезды, вращающиеся по орбитам над и под диском, можно считать скелетом первоначального сферического газового облака.

В целом вращающиеся предметы уплощаются, и именно поэтому диаметр Земли от полюса до полюса меньше, чем диаметр у экватора. Не очень заметно, всего на 0,3 %, примерно на 40 километров. Однако Земля маленькая, по большей части твердая и вращается совсем не быстро. В земных сутках 24 часа, так что наша планета переносит то, что находится у нее на экваторе, со скоростью всего-то 1600 километров в час. Сравним хотя бы громадную, стремительно вращающуюся газовую планету Сатурн. Сутки на Сатурне пролетают всего за десять с половиной часов, так что его экватор вращается со скоростью 35 000 километров в час, а диаметр от полюса к полюсу на целых 10 % меньше, чем в середине: эта разница заметна даже в маленький любительский телескоп.

В земных сутках 24 часа, так что наша планета переносит то, что находится у нее на экваторе, со скоростью всего-то 1600 километров в час.

Сплюснутые сферы принято называть сжатыми сфероидами, а сферы, вытянутые от полюса к полюсу, — вытянутыми сфероидами. В обычной жизни прекрасными, пусть и несколько гротескными примерами обеих геометрических форм служат гамбургер и хот-дог соответственно. Не знаю, как вам, а стоит мне отведать гамбургер, как я сразу же вспоминаю о Сатурне.

Чтобы оценить темп вращения далеких космических объектов, мы вычисляем силу действия центробежных сил. Возьмем, к примеру, пульсары. Вращаются они со скоростью больше тысячи оборотов в секунду, так что мы понимаем, что сделаны они не из обычных стройматериалов — иначе разлетелись бы в клочки. Более того, если бы пульсар вращался еще быстрее, ну, скажем, со скоростью 4500 оборотов в секунду, его экватор двигался бы со скоростью света, так что сразу понятно, что вещество пульсара не такое, как у других звезд. Чтобы представить себе пульсар, нужно мысленно утрамбовать массу Солнца в шар размером с Манхэттен. Сложно? Тогда попробуйте вообразить сто миллионов слонов в тюбике от губной помады. Чтобы достичь такой плотности, придется сжать все пустое пространство вокруг атомных ядер и между электронами, вращающимися по орбитам. При этом почти все электроны (отрицательно заряженные) окажутся прижаты к протонам (положительно заряженным) и получится шар из нейтронов (нейтрально заряженных) с невообразимой гравитацией на поверхности.

Чтобы представить себе пульсар, нужно мысленно утрамбовать массу Солнца в шар размером с Манхэттен. Сложно? Тогда попробуйте вообразить сто миллионов слонов в тюбике от губной помады.

При таких условиях горный кряж на нейтронной звезде может быть не выше толщины бумажного листка, а на восхождение на него у вас уйдет больше сил, чем на Земле — на восхождение на гору высотой пять тысяч километров. Короче говоря, там, где гравитация сильна, все высокое склонно проваливаться и заполнять низины — прямо-таки библейская картина: «приготовьте путь Господу, прямыми сделайте в степи стези Богу нашему; всякий дол да наполнится, и всякая гора и холм да понизятся, кривизны выпрямятся и неровные пути сделаются гладкими» (Исайя 40:4). Вот отличный рецепт изготовления сферы! Именно поэтому мы считаем, что пульсары — самые идеальные сферы во Вселенной.

* * *

При изучении богатых скоплений галактик их общая форма о многом говорит астрофизикам. Одни лохматые, другие растянуты тонкими волокнами, а третьи — словно огромные диски. Ни одно из этих скоплений не приняло стабильную с точки зрения гравитации сферическую форму. Некоторые из них так растянуты, что составляющие их галактики не смогли бы за 14 миллиардов лет — возраст Вселенной — пересечь их из конца в конец. Мы делаем вывод, что скопление таким родилось, поскольку у взаимного притяжения между галактиками не хватило времени, чтобы повлиять на форму скопления.

Однако есть и другие системы, например, красивое скопление Волос Вероники, с которым мы познакомились в главе о темном веществе, — они сразу говорят нам, что стали шарообразными благодаря гравитации. Поэтому все галактики в их пределах движутся в разных направлениях с равной вероятностью. Однако в таком случае скопление не может вращаться достаточно быстро, иначе оно бы сплющилось, как сплющилась галактика Млечный Путь.

Скопление Волос Вероники, как и Млечный Путь, представляет собой зрелую гравитационную систему. На астрофизическом жаргоне подобные системы называются релаксировавшими — это означает сразу многое, в том числе неожиданное обстоятельство, что средняя скорость галактик в таком скоплении служит прекрасной мерой общей массы, несмотря на то что в объектах, по которым вычисляется эта средняя скорость, содержится весьма малая часть этой массы. Именно поэтому гравитационно релаксировавшие системы так хорошо выдают наличие несветящегося темного вещества. Я вам больше скажу: если бы не релаксировавшие системы, мы бы, вероятно, и по сей день не открыли вездесущее темное вещество.

* * *

Самая большая и совершенная сфера на свете — всем сферам сфера — это вся наблюдаемая Вселенная. Куда бы мы ни посмотрели, галактики удаляются от нас со скоростью, пропорциональной расстоянию до них. Как мы узнали из первых глав, это знаменитый признак расширения Вселенной, который открыл Эдвин Хаббл в 1929 году. Если свести воедино эйнштейновскую относительность, конечность скорости света и пространственное разрежение массы и энергии как следствие расширения Вселенной, в каждом направлении от нас на каком-то расстоянии скорость удаления галактик достигает скорости света. На этом расстоянии и дальше свет от всех объектов теряет всю энергию, не успев долететь до нас. Поэтому Вселенная за пределами этой сферической «границы», в сущности, невидима и, насколько мы можем судить, непостижима.

Самая большая и совершенная сфера на свете — всем сферам сфера — это вся наблюдаемая Вселенная.

Согласно одному из вариантов не теряющей популярности идеи множественной Вселенной, ее составляют не отдельные Вселенные, а изолированные, не взаимодействующие друг с другом карманные пространства в пределах одной непрерывной ткани пространства-времени — как будто море, в котором плавают корабли, находящиеся друг от друга так далеко, что их круглые горизонты не пересекаются. С точки зрения каждого корабля (без дополнительных данных) он — единственный в океане, но на самом деле все корабли плавают по одной и той же воде.

Сферы — богатейший теоретический инструмент, позволяющий принципиально решать самые разные астрофизические задачи. Однако нельзя творить себе кумира из сферы. Мне то и дело вспоминается старый анекдот о том, как повысить надои. Специалист-скотовод скажет: «Рассмотрим рацион дойной коровы». Инженер предложит: «Рассмотрим конструкцию доильных аппаратов». А астрофизик с ходу начнет: «Рассмотрим сферическую корову в вакууме»...

В каждой шутке есть доля правды.

9

НЕЗРИМЫЙ СВЕТ

Как странника приветствуй то, что странно.
Горацио, — на небе и земле
Есть многое, что и не снилось даже
Науке.

У. Шекспир. «Гамлет»
(пер. П. Гнедича)

До 1800 года слово «свет» означало исключительно видимый свет (помимо своего второго значения «мир»). Однако в начале 1800 года английский астроном Уильям Гершель заметил тепло, которое мог вызвать лишь свет, невидимый человеческому глазу. Гершель был опытный экспериментатор — это он открыл планету Уран в 1781 году, а теперь исследовал соотношение между солнечным светом, цветом и теплом.

Начал он с того, что пропустил солнечный луч сквозь призму. В этом не было ничего нового. Это проделывал еще сэр Исаак Ньютон в XVII веке, что и позволило ему перечислить всем известные семь цветов спектра — красный, оранжевый, желтый, зеленый, голубой, синий и фиолетовый (да-да, «Каждый охотник желает знать, где сидит фазан»). Однако Гершель копнул еще глубже и задался вопросом, какова температура каждого цвета. Он поставил термометры в разные участки радуги — и оказалось, что, как он и ожидал, в полосах разного цвета

Уильям Гершель

термометры показывали разную температуру. (Надо отметить, что астрономы окончательно превратились в астрофизиков лишь в середине XIX века, когда спектрометр — орудие физика — начали применять для решения астрономических задач. А в 1895 году был основан престижный журнал «*The Astrophysical Journal*», подзаголовок которого гласил: «Международный обзор спектроскопии и астрономической физики».)

Чтобы эксперимент был качественным, необходим «контроль», то есть измерение, при котором не ожидаешь пронаблюдать никакого эффекта, своего рода проверка того, что ты измеряешь, на «дуракоустойчивость». Скажем, если вы хотите узнать, как влияет пиво на тюльпаны, нужно вырастить второй тюльпан, точно такой же, как первый, но поливать его не пивом, а водой. Если оба засохнут — если вы убьете обоих — алкоголь тут ни при чем. Вот для чего нужна контрольная группа.

Гершель это знал и положил термометр вне спектра, рядом с красной полосой: казалось бы, там должна быть просто комнатная температура. Однако все оказалось иначе. Температура на контрольном термометре поднялась даже выше, чем в красной полосе.

Гершель писал:

> *Я делаю вывод, что и красный свет не дает максимального тепла; возможно, максимум лежит за пределами видимой рефракции. В таком случае излучаемое тепло должно по крайней мере отчасти, если не полностью, состоять — да будет мне позволено так выразиться — из незримого света; а следовательно, из лучей, исходящих от Солнца, но наделенных таким импульсом, что они уже не видимы глазу*.*

С ума сойти!

Гершель непреднамеренно открыл инфракрасный свет — совершенно новую часть спектра «ниже» (именно это значит латинская приставка «инфра») красного, о чем и сказано в первой из четырех его статей на эту тему.

---

* William Herschel, «Experiments on Solar and on the Terrestrial Rays that Occasion Heat», «Philosophical Transactions of the Royal Astronomical Society», 1800, 17.

Открытие Гершеля для астрономии — все равно что открытие Антони ван Левенгука, который увидел «множество очень маленьких живых зверюшек, премило суетящихся» в капельке озерной воды (о чем и написал в Лондонское Королевское общество 10 октября 1676 года). Левенгук открыл одноклеточные организмы — биологическую Вселенную. Гершель — новый диапазон света.

И то, и другое пряталось от невооруженного глаза.

Идеи Гершеля тут же подхватили другие исследователи. В 1801 году немецкий физик и фармацевт Иоганн Вильгельм Риттер открыл еще один диапазон невидимого света. Однако Риттер вместо термометра поместил по щепотке светочувствительного хлорида серебра в каждую полосу видимого спектра, а также в темную область возле фиолетового конца спектра. И, конечно, хлорид серебра в неосвещенной полосе потемнел сильнее, чем в фиолетовой.

А что следует за фиолетовым? Правильно — ультрафиолет, от латинского «ультра» — «дальше».

Если заполнить весь электромагнитный спектр от низкой энергии и низкой частоты до высокой энергии и высокой частоты, получится, что у нас есть радиоволны, микроволновое излучение, инфракрасное излучение, видимый спектр (цвета радуги), ультрафиолетовое излучение, рентгеновское излучение и гамма-излучение. Современная цивилизация ловко нашла применение каждому из диапазонов и в быту, и в промышленности, так что теперь все они прекрасно нам знакомы.

* * *

Даже после открытия ультрафиолетового и инфракрасного излучения способы изучать небо изменились не сразу. Первый телескоп для наблюдения невидимой части электромагнитного спектра построили лишь через 130 лет. К тому времени уже давно открыли и радиоволны, и рентгеновское излучение, и гамма-излучение, а немецкий физик Генрих Герц уже давно показал, что разные виды света отличаются на самом деле лишь частотой волны в каждой из полос спектра. Более того, именно Герц первым понял, что на свете есть электромагнитный спектр. В его честь была названа единица частоты Герц — количество волн в секунду — описывающая любые вибрации, в том числе и звук.

Непонятно почему, но астрофизики, узнав, что существуют невидимые диапазоны света, далеко не сразу сообразили, что можно построить телескоп, чтобы наблюдать этот свет от космических источников. Свою роль, конечно, сыграло и то, что долго не могли придумать соответствующие детекторы. Однако отчасти, возможно, все объясняется человеческой заносчивостью: как это Вселенная посылает нам свет, который не видят наши дивные глаза? Более трехсот лет — со времен Галилея до Эдвина Хаббла — телескопы создавались с одной-единственной целью: получить инструмент для улавливания видимого света, усиливающий зрение, которым мы наделены от природы. Телескоп — лишь инструмент, восполняющий недостатки наших органов чувств и позволяющий лучше познакомиться с далекими областями. Чем больше телескоп, тем более тусклые объекты можно в него разглядеть; чем лучше форма его зеркал, тем четче изображение; чем чувствительнее детекторы, тем плодотворнее наблюдения. Однако во всех случаях вся информация, которую дает телескоп астрофизику, прибывает на Землю на луче света.

Более трехсот лет — со времен Галилея до Эдвина Хаббла — телескопы создавались с одной-единственной целью: получить инструмент для улавливания видимого света, усиливающий зрение, которым мы наделены от природы.

Однако небесные события не считаются с удобствами человеческой сетчатки. Напротив, они, как правило, испускают одновременно разное количество света в разных диапазонах. Так что без телескопов с детекторами, настроенными на весь спектр, астрофизики пребывали бы в блаженном неведении о некоторых феерических космических явлениях.

Возьмем, к примеру, взрывающуюся звезду — сверхновую. Это достаточно распространенное во Вселенной высокоэнергичное событие, сопровождающееся обильным выбросом рентгеновского излучения. Иногда такие взрывы сопровождаются вспышками гамма-лучей и ультрафиолета, да и видимого света сверхновая дает в изобилии.

Взорвавшийся газ успевает давно остыть, ударные волны рассеиваются, видимый свет тускнеет, а компактный «остаток» сверхновой продолжает светиться в инфракрасном диапазоне и испускать радиоимпульсы. Вот откуда берутся пульсары — самые надежные хронометры во Вселенной.

Большинство взрывов сверхновых происходят в далеких галактиках, но если бы взорвалась какая-нибудь звезда в пределах Млечного Пути, ее агония сопровождалась бы таким ярким светом, что все увидели бы ее даже без телескопа. Хотя никто на Земле не наблюдал незримых рентгеновских или гамма-лучей от последних двух фейерверков, которые сверхновые устроили на территории нашей Галактики — в 1572 и 1604 годах, — есть много свидетельств об их невероятном видимом свете.

Диапазон длин волн (или частот), составляющий каждую полосу спектра света, сильно влияет на конструкцию устройств, которые его регистрируют. Вот почему невозможно подобрать такое сочетание телескопа с детектором, которое одновременно уловило бы все особенности подобных взрывов. Однако обойти эту проблему несложно: соберите все наблюдения интересующего вас объекта (можно позаимствовать результаты у коллег) во всех диапазонах света. А потом поставьте в соответствие интересующим вас невидимым полосам спектра видимые цвета и создайте одно мета-изображение, охватывающее все полосы. Именно это видит Джорди Ла Форж из телесериала «Звездный путь: Следующее поколение». Расширив таким образом диапазон своего зрения, вы ничего не упустите.

Большинство взрывов сверхновых происходят в далеких галактиках, но если бы взорвалась какая-нибудь звезда в пределах Млечного Пути, ее агония сопровождалась бы таким ярким светом, что все увидели бы ее даже без телескопа.

Сначала нужно определить, какая именно полоса вызывает вашу астрофизическую симпатию, и уже потом можно начинать думать о размерах зеркала, о том, из каких материалов его делать, о том, какой оно должно быть формы и с какой поверхностью, и о том, какой понадобится датчик. Например, волна рентгеновского излучения очень короткая. Поэтому, чтобы уловить его, нужно супергладкое зеркало, иначе его дефекты исказят картину. Но если нужно уловить длинные радиоволны, зеркало можно сделать хоть из проволочной сетки, согнув ее вручную, поскольку дефекты сетки будут гораздо меньше длин волн, которые вас интересуют. Разумеется, вам нужно увидеть все детали вашего объекта, то есть наблюдать его с высоким пространственным разрешением, так что зеркало должно быть как можно больше — насколько вы можете себе позволить. Наконец, ваш телескоп должен быть гораздо больше длины волны света, который вы собираетесь уловить. Это особенно заметно, когда речь идет о радиотелескопах.

Радиотелескопы, первые в истории телескопы для наблюдения невидимого света, — диковинный подвид обсерваторий. Первый действующий радиотелескоп создал американский инженер Карл Янский в 1929–1930 годах. Это устройство немного напоминало передвижной ороситель для автоматизированного полива. Оно держалось на высоких

Карл Янский

прямоугольных металлических подпорках, скрепленных деревянными перекрестьями и снабженных лесами, и вертелось на месте, как карусель на колесиках. Янский использовал и запасные части от недорогого автомобиля «Жестяная Лиззи», он же «Форд-Т». Свою тридцатиметровую конструкцию Янский настроил на длину волны около 15 метров, что соответствует частоте 20,5 мегагерц. (Все волны подчиняются простой формуле: скорость = частота × длина волны. Если при постоянной скорости увеличиваешь длину волны, частота волны снизится — и наоборот, так что при умножении этих двух величин скорость всегда получается одна и та же. Этот закон справедлив для света, звука и даже фанатов на стадионах, делающих «волну», в общем, для всех бегущих волн.)

С точки зрения начальства из Телефонных лабораторий Белла, которые поручили Янскому сделать телескоп, его задачей было изучать всевозможные шумы из естественных земных радиоисточников, мешавшие радиосвязи. Очень похоже на задание, которое Лаборатории Белла дали Пензиасу и Уилсону 35 лет спустя — выявить микроволновой шум в приемнике, что, как мы выяснили в главе 3, привело к открытию фонового космического микроволнового излучения.

Первый действующий радиотелескоп создал американский инженер Карл Янский в 1929–1930 годах. Это устройство немного напоминало передвижной ороситель для автоматизированного полива.

Года два Янский старательно следил за статическими шумами, которые регистрировал своим кустарным устройством, и обнаружил, что радиоволны дают не только местные грозы и другие известные природные источники на Земле: они исходят еще и из центра галактики Млечный Путь. Эта область неба попадала в поле зрения телескопа каждые 23 часа 56 минут — что совпадает с периодом обращения Земли, а следовательно, именно за это время центр Галактики снова попадает в точности на то же место на небе и оказывается под тем же углом и на той же высоте над горизонтом. Свои результаты Карл Янский опубликовал под названием «Электрические возмущения явно внеземного происхождения» (Karl Jansky, «Electrical Disturbances

Apparently of Extraterrestrial Origin», *Proceedings of the Institute for Radio Engineers* 21, no. 10 (1933): 1387).

Это наблюдение знаменовало рождение радиоастрономии — но дальше она развивалась без Янского. Лаборатории Белла дали ему другое задание, лишив возможности пожинать плоды собственного эпохального открытия. Однако через несколько лет американский самоучка по имени Гроут Ребер из Уитона в штате Иллинойс построил радиотелескоп с девятиметровой металлической тарелкой в собственном дворе. В 1938 году Ребер совершенно независимо подтвердил открытие Янского, а затем пять лет посвятил созданию крупномасштабных карт радионеба.

Телескоп Ребера был беспрецедентным для своего времени, однако очень маленьким и грубым по сегодняшним стандартам. То ли дело современные радиотелескопы. Во дворе они уже не помещаются — более того, достигают исполинских размеров. Первым по-настоящему гигантским радиотелескопом на планете стал МК-1, запущенный в 1957 году: это цельностальная полноповоротная тарелка диаметром почти 80 метров, которая находится в Англии, в обсерватории Джодрелл-Бэнк под Манчестером. Буквально через два месяца после открытия МК-1 СССР запустил первый спутник, и оказалось, что тарелка из Джодрелл-Бэнк — именно то, что нужно, чтобы отслеживать на орбите этот крошечный шарик с оборудованием: получился прототип Сети дальней космической связи, которая сегодня позволяет нам следить за космическими зондами.

Самый большой радиотелескоп в мире был построен в 2016 году и называется «Сферический радиотелескоп с пятисотметровой апертурой» («Five-hundred-meter Aperture Spherical radio Telescope», или просто FAST). Он находится в Китае, в провинции Гуйчжоу, и по площади превосходит тридцать футбольных полей. Если инопланетяне когда-нибудь отправят нам сигнал, первыми об этом узнают китайцы.

Если инопланетяне когда-нибудь отправят нам сигнал, первыми об этом узнают китайцы.

У радиотелескопов есть разновидность — так называемые интерферометры, представляющие собой наборы антенн, расставленных рядами где-нибудь в сельской местности и работающих синхронно. В результате электронного совмещения сигналов всех антенн получается единое изображение радиоизлучающих космических объектов, обладающее сверхвысоким пространственным разрешением. Хотя неписаным девизом телескопов задолго до индустрии быстрого питания стали слова «Чем больше, тем лучше», радиоинтерферометры — настоящие великаны среди телескопов. Один из них — очень большой набор радиоантенн, расположенный близ Сокорро в штате Нью-Мексико — так и называется — Very Large Array — «Очень большая антенная решетка» и состоит из 27 двадцатипятиметровых антенн, расставленных на рельсах на протяжении 35 километров пустынной равнины. Эта обсерватория настолько, так сказать, космогенична, что играет роль заднего плана в нескольких научно-фантастических фильмов: «Космическая одиссея 2010» (1984), «Контакт» (1997) и «Трансформеры» (2007). Есть также Very Long Baseline Array — «Антенная решетка со сверхдлинными базами» — 10 двадцатисемиметровых антенн, расставленных на протяжении 7500 километров от Гавайев до Виргинских островов: они обеспечивают самое высокое разрешение среди всех радиотелескопов в мире.

Для исследования микроволнового излучения, сравнительно новой для интерферометров задачи, у нас есть «Атакамская большая антенная решетка миллиметрового диапазона» (Atacama Large Millimeter Array, ALMA), расположенная в далеких Андах на севере Чили. ALMA настроена на длины волн от долей миллиметра до нескольких сантиметров и дает астрофизикам возможность наблюдать с высоким разрешением космические явления, которые не видно в других диапазонах: например, позволяет изучать структуру схлопывающихся газовых облаков, когда они превращаются в инкубаторы для звезд. ALMA неспроста расположена в одном из самых засушливых регионов Земли — на четырех с половиной километрах выше уровня моря, гораздо выше влажных облаков. Вода хороша, когда готовишь еду в микроволновке, но для астрофизиков она враг, поскольку водяной пар в атмосфере Земли гасит чистые микроволновые сигналы со всей Галактики и из-за ее пределов. Эти два феномена, несомненно, связаны: вода — самая распространенная молекула в нашей пище, и микроволновые печки разогревают именно ее. Сложите два и два, и вы поймете, что вода поглощает микроволновые частоты. Поэтому, если нужно получить чистые наблюдения космических объектов, нужно минимизировать количество водяного пара между телескопом и Вселенной — и этого и добились создатели Атакамской решетки.

На ультра-коротковолновом конце электромагнитного спектра находятся высокочастотные и высокоэнергичные гамма-лучи с длинами волн,

Эксплорер-XI

измеряемыми в пикометрах (приставка «пико-» означает одну триллионную часть). Они были открыты в 1900 году, но из космоса их удалось уловить лишь в 1961 году при помощи телескопа новой конструкции, установленного на борту спутника НАСА «Эксплорер-XI». Все, кто пересмотрел научно-фантастического кино, знают, что гамма-лучи вредны для здоровья. От них, чего доброго, станешь зеленым и мускулистым или паутина поползет от запястий, да мало ли. Но еще их очень трудно поймать. Сквозь обычные линзы и зеркала они проходят, не задерживаясь. Тогда как же их наблюдать? В начинку телескопа на «Эксплорере-XI» входил так называемый сцинтиллятор, который в ответ на попадающие в него гамма-лучи испускает электрически заряженные частицы. Если измерить энергию частиц, можно сказать, какого рода высокоэнергичный свет их создал.

Через два года СССР, Великобритания и США подписали Договор о запрещении испытаний ядерного оружия в атмосфере, космическом пространстве и под водой, поскольку именно в этих средах ядерные отходы легко распространяются и загрязняют территорию за пределами государства, которое провело испытания. Но в то время шла холодная война, и никто никому не доверял. США поступили согласно принципу «доверяй, но проверяй», особенно актуальному в военное время, и запустили новую серию спутников — «Вела» — задачей которых было улавливать вспышки гамма-лучей, которые возникли бы, если бы СССР тайно проводили ядерные испытания. Спутники и правда регистрировали вспышки гамма-лучей — практически ежедневно. Однако русские были ни при чем. Гамма-лучи приходили из глубокого космоса — и, как потом установили ученые, это были визитные карточки коротких, но мощных взрывов далеких звезд, то и дело происходящих во Вселенной: так родилось новое направление в моей научной дисциплине — гамма-астрономия.

В 1994 году гамма-обсерватория имени Комптона сделала открытие, столь же неожиданное, что и открытия спутников «Вела»: частые вспышки гамма-лучей у самой поверхности Земли. Эти вспышки получили логичное название «атмосферные гамма-вспышки». Что это — ядерная катастрофа? Очевидно, нет, раз вы сейчас читаете эти строки. Не все природные гамма-вспышки одинаково смертоносны, более того, не все они имеют космическое происхождение. В данном случае не менее пятидесяти подобных вспышек ежедневно происходят в атмосфере Земли над грозовыми облаками за долю секунды до обычной молнии. Откуда они берутся, пока загадка, но самые правдоподобные гипотезы гласят, что во время электрической бури свободные электроны разгоняются до околосветовых скоростей, а потом тормозятся около ядер атомов атмосферы и рождают гамма-лучи.

Сегодня телескопы наблюдают все невидимые части спектра — иногда с Земли, но в основном из космоса, где обзору не мешает поглощающая земная атмосфера. Теперь мы наблюдаем события от низкочастотных радиоволн в десяток метров длиной от пика до пика и до высокочастотных гамма-лучей, длина волны которых не превосходит одну квадрильонную долю метра. Такая богатая палитра полос спектра обеспечивает неисчерпаемый источник астрофизических открытий. Хотите выяснить, сколько газа таится между звезд в галактиках? Радиотелескопы знают это лучше всех. Без микроволновых телескопов ничего невозможно узнать о фоновом космическом излучении, невозможно понять, что такое Большой взрыв. Интересно подсмотреть, что делается в звездных инкубаторах, расположенных в глубинах галактических газовых облаков? Обратите внимание на то, что делают инфракрасные телескопы. Занимаетесь излучением из окрестностей обычных и сверхмассивных черных дыр в центре какой-нибудь галактики? К вашим услугам ультрафиолетовые и рентгеновские телескопы. Хотите полюбоваться высокоэнергичным взрывом гигантской звезды массой в сорок солнц? Следите за развитием событий в гамма-телескопы.

Со времен экспериментов Гершеля с солнечными лучами, «невидимыми глазу», мы проделали долгий путь и теперь можем исследовать Вселенную как она есть, а не какой она кажется. Гершель бы нами гордился. Мы обрели подлинное космическое зрение, лишь увидев невидимое — ослепительную сокровищницу объектов и явлений, происходящих во всем космосе и во все времена, какая в минувшие века и не снилась науке.

10

МЕЖДУ ПЛАНЕТ

Издалека кажется, будто наша Солнечная система пуста. Если заключить ее в сферу — такую большую, чтобы в нее поместилась орбита Нептуна, самой дальней планеты (нет, не Плутона, с этим придется смириться), — объем, занятый самим Солнцем, всеми планетами и их спутниками, займет чуть больше одной триллионной части охваченного пространства. Однако на самом деле она далеко не пустая: в пространстве между планет содержатся всевозможные обломки, камешки, ледяные шары, пыль, потоки заряженных частиц и дальнобойные космические зонды. Кроме того, пространство пронизано чудовищными гравитационными и магнитными полями.

Межпланетное пространство настолько не пустое, что Земля, двигаясь по орбите со скоростью 30 километров в секунду, встречает сотни тонн метеоритов ежедневно — почти все они не крупнее песчинки. И почти все сгорают в верхних слоях атмосферы, поскольку врезаются в воздух с такой энергией, что испаряются от соударения. Наш хрупкий биологический вид эволюционировал под этим защитным слоем. Более крупные метеориты — с теннисный мяч размером — разогреваются быстро, но неравномерно и зачастую разлетаются на множество мелких обломков, а уже потом испаряются. Еще более крупные метеориты обгорают по поверхности, но все же долетают до поверхности Земли. Казалось бы, за 4 миллиарда 600 миллионов обходов вокруг Солнца Земля должна была подчистить весь мусор на своем орбитальном пути. Однако когда-то все было гораздо хуже. В течение полумиллиарда лет после формирования Солнца и его планет на Землю падало столько всякого хлама, что от постоянных энергичных соударений, вырабатывавших тепло, атмосфера Земли была раскалена, а земная кора — расплавлена.

Один особенно большой метеорит стал причиной возникновения Луны. Пробы лунного грунта, полученные астронавтами с «Аполлона», показали, что там неожиданно мало железа и других массивных элементов, и это говорит о том, что Луна, скорее всего, вырвалась из бедной железом земной коры и мантии после столкновения по касательной с залетной протопланетой размером с Марс. Орбитальный мусор, оставшийся после этой встречи, сгустился и сформировал наш прелестный спутник с низкой плотностью. Помимо этого сенсационного события, период тяжелой бомбардировки, который Земля пережила во младенчестве, не уникален для планет и других крупных небесных тел Солнечной системы. Все они выдержали подобный натиск, и поверхности Луны и Меркурия, на которых в отсутствие воздуха не было и эрозии, сохранили много свидетельств той поры в виде кратеров.

Пробы лунного грунта, полученные астронавтами с «Аполлона», показали, что там неожиданно мало железа и других массивных элементов, и это говорит о том, что Луна, скорее всего, вырвалась из бедной железом земной коры и мантии после столкновения по касательной с залетной протопланетой размером с Марс.

Шрамы от космического мусора, оставшегося после формирования Солнечной системы, видны не только в ней самой: межпланетные окрестности также содержат камни всевозможных размеров, выбитые из Марса, Луны и Земли отдачей после скоростных соударений. Компьютерные модели падений метеоритов убедительно показывают, что поверхностные камни возле зон удара выбивает вверх с такой скоростью, что они рвут гравитационные узы с родным небесным телом. Если учесть, сколько

Обратная сторона Луны

на Землю попадает метеоритов марсианского происхождения, можно сделать вывод, что на нас ежегодно сыплется дождь из тысячи тонн марсианской породы. Возможно, примерно столько же достигает Земли с Луны.

В сущности, нам не нужно было лететь на Луну, чтобы получить лунный грунт. Множество лунных обломков падают на нас сами, просто мы их не выбираем, и к тому же во времена программы «Аполлон» мы еще не знали об этом.

* * *

Большинство астероидов в Солнечной системе живут и работают в главном поясе астероидов, более или менее плоской зоне между орбитами Марса и Юпитера. По традиции кто открыл астероид, тот и называет его как хочет. Художники обычно изображают пояс астероидов как лабиринт из каменистых обломков, протянувшийся широким кольцом в плоскости Солнечной системы, однако общая масса этого пояса составляет менее 5 % массы Луны, которая сама составляет чуть больше процента массы Земли. Вроде бы пустяк. Однако из-за накопленных возмущений орбит астероидов среди них всегда есть смертоносная группа небесных тел, чьи эксцентрические орбиты пересекают земную. Простые расчеты показывают, что большинство из них в течение ближайшего миллиона лет столкнутся с Землей. Астероид диаметром больше километра при столкновении принесет достаточно энергии, чтобы разрушить экосистему Земли и поставить большинство видов животных под угрозу исчезновения.

Это было бы скверно.

Астероиды — не единственные небесные тела, опасные для жизни на Земле. Есть еще пояс Койпера: это кишащая кометами кольцевидная область, начинающаяся сразу за орбитой Нептуна и включающая в себя Плутон. Возможно, она продолжается за орбиту Нептуна на расстояние, равное дистанции от Нептуна до Солнца. Американский астроном Герард Койпер, родившийся в Нидерландах, выдвинул гипотезу, что в холодных глубинах космоса за орбитой Нептуна сохранился замороженный мусор, оставшийся после формирования Солнечной системы. Поскольку там нет массивных планет и падать некуда, большинство этих комет будут вращаться по орбите вокруг Солнца еще миллиарды лет.

Астероиды — не единственные небесные тела, опасные для жизни на Земле.

Как и в поясе астероидов, некоторые тела из пояса Койпера вращаются по эксцентрическим орбитам, пересекающим орбиты других планет. Орбиту Нептуна пересекают Плутон и ансамбль его собратьев под названием «Плутино». Другие объекты из пояса Койпера долетают даже до внутренних областей Солнечной системы и пересекают орбиты планет как попало. В их число входит и комета Галлея, самая знаменитая из всех комет.

А далеко-далеко за поясом Койпера, на полпути к ближайшим звездам, раскинулась сферическая резервация комет под названием облако Оорта — в честь Яна Оорта, голландского астрофизика, первым выдвинувшего гипотезу об ее существовании. Эта зона порождает кометы с большим периодом обращения — гораздо больше, чем человеческая жизнь. В отличие от комет из пояса Койпера, кометы из пояса Оорта могут падать во внутренние области Солнечной системы под любым углом и откуда угодно. Две самых ярких кометы 90-х годов прошлого века — кометы Хейла–Боппа и Хякутакэ — происходили из облака Оорта и в ближайшем будущем не вернутся.

* * *

Если бы наши глаза видели магнитные поля, Юпитер был бы в десять раз больше полной Луны. Все космические корабли, которые отправляются на Юпитер, должны конструироваться с учетом этой мощной силы. Как показал в XIX веке английский физик Майкл Фарадей, если протянуть проволоку через магнитное поле, на ней создается разность потенциалов. Поскольку космические зонды металлические и летят очень быстро, в них индуцируется электрический ток. Этот ток генерирует свое магнитное поле, взаимодействующее с магнитным полем среды, что тормозит движение зонда.

Когда я подводил баланс в последний раз, вокруг планет в Солнечной системе вращалось

56 спутников. А потом в одно прекрасное утро просыпаюсь и узнаю, что вокруг Сатурна открыли еще десяток. После этого случая я решил больше их не считать. Теперь меня интересует только одно: интересно ли туда наведаться или их поизучать. По некоторым параметрам спутники в Солнечной системе гораздо удивительнее планет, вокруг которых они вращаются.

* * *

Луна, спутник Земли, примерно в 300 раз меньше Солнца в диаметре, но при этом в 300 раз ближе к нам, поэтому Солнце и Луна на небе одинакового размера — это уникальное совпадение, которого не наблюдается больше ни в одной паре планеты и спутника в Солнечной системе: именно поэтому полные солнечные затмения у нас так фотогеничны. Кроме того, Земля удерживает Луну приливным захватом: у Луны одинаковые периоды обращения вокруг своей оси и вокруг Земли. Во всех таких случаях захваченный спутник всегда повернут к своей планете одной стороной.

Система спутников Юпитера — компания чудаков и оригиналов. Ио, ближайший спутник Юпитера, тоже находится в приливном захвате и подвергается постоянному механическому напряжению из-за гравитационного взаимодействия с Юпитером и другими спутниками, отчего этот маленький шарик так разогревается, что его внутренние породы плавятся: недаром Ио принадлежит рекорд по вулканической активности в Солнечной системе. На спутнике Юпитера Европе столько H_2O, что благодаря механизму разогрева, такому же, как и на Ио, лед под поверхностью растаял и получился теплый океан. Если где-то и есть почти такая же подходящая среда для развития жизни, как на Земле, то это на Европе. Один мой сотрудник-художник спросил, как назывались бы инопланетяне с Европы — неужели европейцы? В отсутствие более подходящего ответа пришлось сказать «да».

Самый большой спутник Плутона Харон так велик и так близок к Плутону, что они с Плутоном оба поймали друг друга в приливный захват: их периоды обращения по орбите друг вокруг друга и периоды обращения вокруг своей оси одинаковы. Это называется двойной приливный захват — звучит как еще не изобретенный борцовский прием.

Спутники планет принято называть в честь древнегреческих мифологических персонажей в жизни древнегреческого аналога того римского бога, в честь которого названа планета. Светская жизнь у античных богов была очень запутанная, поэтому недостатка в персонажах мы не испытываем. Единственное исключение из этого правила — спутники Урана, названные в честь различных главных героев английской классической литературы. Английский астроном Уильям Гершель первым обнаружил планету, которая находится дальше остальных, видимых невооруженным глазом, и был готов назвать ее в честь тогдашнего короля, которому верно служил. Если бы сэру Уильяму это удалось, список планет выглядел бы так: Меркурий, Венера, Земля, Марс, Юпитер, Сатурн и Георг. К счастью, здравомыслие возобладало, и несколько лет спустя планета получила классическое имя Уран. Однако спутники его Гершель предложил называть в честь героев пьес Шекспира и поэм Поупа, и эта традиция соблюдается до сих пор. Среди 27 спутников Урана есть Ариэль, Корделия, Дездемона, Джульетта, Офелия, Порция, Пак, Умбриэль и Миранда.

Солнце теряет вещество с поверхности со скоростью больше миллиона тонн в секунду. Мы называем это солнечным ветром, который состоит из высокоэнергичных заряженных частиц.

Поток частиц мчится сквозь пространство со скоростью в тысячи километров в секунду и отражается магнитными полями планет. Тогда частицы устремляются по спирали к северному и южному магнитному полюсу, бомбардируют молекулы газа и зажигают в атмосфере многоцветные полярные сияния. Космический телескоп имени Хаббла зарегистрировал полярные сияния у полюсов Сатурна и Юпитера. А на Земле северные и южные сияния — аврора бореалис и аврора аустралис — служат постоянным напоминанием о том, как прекрасна защитная атмосфера.

Принято считать, что земная атмосфера достигает десятков километров от поверхности. Спутники на «низких» околоземных орбитах, как правило, летают на расстоянии от 150 до 600 километров от Земли и проходят полный оборот примерно за 90 минут. Дышать на такой высоте невозможно, однако кое-какие атмосферные молекулы еще встречаются — и их достаточно, чтобы постепенно истощать орбитальную энергию ничего не подозревающих спутников. Чтобы преодолеть сопротивление воздуха, спутнику нужно периодически делать рывки, иначе он упадет на Землю и сгорит в плотных слоях атмосферы.

Солнце теряет вещество с поверхности со скоростью больше миллиона тонн в секунду. Мы называем это солнечным ветром, который состоит из высокоэнергичных заряженных частиц.

Альтернативный способ определить, где проходит граница атмосферы, — задаться вопросом, где плотность молекул атмосферных газов равна плотности молекул газов межпланетного пространства. По такому определению толщина земной атмосферы составляет несколько тысяч километров. Гораздо выше этого уровня, на расстоянии в 40 000 километров от поверхности Земли (одна десятая расстояния до Луны), проходят орбиты спутников связи. Эта высота избрана не только потому, что земная атмосфера перестает оказывать на спутники существенное влияние, но и потому, что на ней скорость спутника такова, что он совершает один оборот вокруг Земли ровно за сутки. Когда орбита идеально согласуется с темпом вращения Земли, спутник словно парит над одной точкой, а значит, служит идеальным передатчиком сигналов между разными областями земной поверхности.

* * *

Законы Ньютона особо оговаривают, что, хотя гравитация планеты слабеет, когда от нее удаляешься, нет такого расстояния, на котором она будет равна нулю. Планета Юпитер со своим мощным гравитационным полем благополучно отражает множество комет, которые могли бы натворить бед, попади они во внутреннюю Солнечную систему. Юпитер служит для Земли гравитационным щитом — мускулистым старшим братом, благодаря которому на Земле случаются долгие, по сто миллионов лет, периоды относительного мира и покоя. Без покровительства

Юпитера сложной жизни было бы непросто стать такой, какая она есть, поскольку она постоянно находилась бы под угрозой вымирания в результате катастрофического столкновения с каким-нибудь метеоритом.

Когда мы запускаем в космос зонды, то практически всегда эксплуатируем гравитационные поля других планет. Например, зонд «Кассини», побывавший на Сатурне, дважды заручился гравитационной помощью Венеры, один раз — Земли (во время обратного пролета) и один раз — Юпитера. Траектории от планеты к планете, напоминающие путь биллиардного шара, многократно отражающегося от бортиков, встречаются сплошь и рядом. Иначе наши крошечные зонды не смогли бы набрать достаточно скорости и энергии и добраться до цели — одними лишь рукотворными ракетными двигателями здесь не обойтись.

В том, что между планет в нашей Солнечной системе болтается столько мусора, теперь виноват и я. В ноябре 2000 года астероид из основного пояса 1994KA, который открыли Дэвид Леви и Кэролин Шумейкер, назвали 13123–Тайсон в мою честь. Мне это необычайно приятно, однако особенных причин зазнаваться здесь нет: астероиды частенько носят обычные человеческие имена, например, Джоди, Гарриет или Томас. На свете есть даже астероиды Мерлин, Джеймс Бонд и Санта. Их насчитывается уже сотни тысяч — того и гляди, у нас кончится запас имен. Не знаю, настанет ли такой день, но я утешаюсь, что мой комок космического мусора не одинок — в межпланетном пространстве полным-полно хлама, названного в честь людей, реальных и вымышленных.

А еще я рад, что в данный момент мой астероид не летит к Земле.

11

ЭКЗОПЛАНЕТА ЗЕМЛЯ

С места на место на Земле можно перемещаться по-разному: кому нравится плыть, кому бегать, кому ходить, кому ползать, — но любой из этих способов дает возможность полюбоваться вблизи неисчерпаемой сокровищницей всяких земных диковин. То заметишь жилку розового известняка на стене каньона, то увидишь, как божья коровка ест тлю на стебле розы или крабик выкапывается из песка. Надо только присмотреться.

Если глядеть в иллюминатор взлетающего самолета, все эти детали быстро исчезают. Никаких вкусненьких тлей. Никаких любопытных крабиков. Выходишь на крейсерскую высоту километров в десять — и уже не узнаешь сетку крупных автострад.

Когда поднимаешься еще выше, в космос, детали продолжают пропадать. Из иллюминатора Международной космической станции, которая проходит на высоте около 400 километров, днем можно различить Париж, Лондон, Нью-Йорк и Лос-Анджелес, но только потому, что в школе на уроке географии выучил, где они находятся. Ночью крупные города, конечно, ярко светятся. Днем, вопреки распространенному мнению, Великие пирамиды в Гизе, скорее всего, не увидишь, а Великую китайскую стену — и подавно. Отчасти они незаметны потому, что по цвету сливаются с почвой и камнем окружающего пейзажа. И хотя Великая китайская стена тянется на тысячи километров, в ширину она всего метров семь, гораздо у́же федеральных автострад в Америке, которые еле-еле различимы с борта трансконтинентального авиалайнера.

С орбиты невооруженным глазом были видны клубы дыма от горящих нефтяных вышек Кувейта в конце первой войны в Персидском заливе в 1991 году и от горящих башен-близнецов Всемирного торгового центра в Нью-Йорке 11 сентября 2001 года. Кроме того, оттуда видны границы между коричневыми засушливыми землями и зелеными орошаемыми. Вот, в общем-то, и все — люди больше не сотворили ничего такого, что можно различить с высоты в несколько тысяч километров. Зато явления природы оттуда видны прекрасно — например, бури в Мексиканском заливе, ледоход на севере Атлантики, извержения вулканов где угодно.

С Луны, до которой почти 400 000 километров, Нью-Йорк, Париж и остальные города-блестки не видны даже как мельчайшие искорки. Но даже оттуда можно разглядеть, как движутся по планете крупные атмосферные фронты. С Марса, когда он находится ближе всего к Земле — на расстоянии примерно 50 миллионов километров, — в большой любительский телескоп можно разглядеть крупнейшие горные цепи со снежными вершинами и контуры земных континентов. Если же улететь на Нептун, за четыре с половиной миллиарда километров, — по космическим масштабам это соседняя улица, — само Солнце станет в тысячу раз тусклее и будет занимать на небе площадь в тысячу раз меньше, чем на земном небосклоне. А как же сама Земля? Она превратится в точечку не ярче тусклой звезды и почти затеряется в свете Солнца.

В 1990 году космический аппарат «Вояджер-1» сделал из-за орбиты Нептуна знаменитую фотографию, на которой Земля выглядит, по выражению американского астрофизика Карла Сагана, как «бледно-голубая точка». И это он Земле еще польстил. Без подписи на фото ее и не найти.

Что было бы, если бы какие-нибудь высокоумные инопланетяне из глубин Вселенной изучали небеса своими органами зрения, совершенными от природы, да еще и с помощью новейших оптических приборов, порожденных их совершенной цивилизацией? Какие видимые качества планеты Земля они бы отметили?

Прежде всего, конечно, голубой цвет. Вода покрывает более двух третей поверхности Земли, и одно ее полушарие практически полностью занимает Тихий океан. Любое разумное существо, располагающее соответствующим оборудованием и знаниями, позволяющими разглядеть цвет нашей планеты, несомненно, сделало бы вывод о наличии воды — третьей по распространенности молекулы во Вселенной. Если бы у его оборудования было достаточно высокое разрешение, инопланетянин увидел бы не просто бледно-голубую точку. Он рассмотрел бы изрезанные контуры берегов — явное свидетельство, что вода эта жидкая. А еще умный инопланетянин сообразил бы, что если на планете есть жидкая вода, то температура и атмосферное давление на ней попадают во вполне определенные рамки.

В видимом свете можно было бы различить и шапки льдов на полюсах, растущие и сокращающиеся из-за сезонных колебаний температуры. А также вычислить период обращения нашей планеты — 24 часа: за такое время в окуляры попадали бы узнаваемые участки суши. Еще инопланетяне разглядели бы крупные атмосферные фронты и их перемещения; тщательно изучив эти данные, собратья по разуму наверняка научились бы отличать черты атмосферных облаков от черт поверхности самой Земли.

А теперь пора проверить все это на практике. Ближайшая экзопланета — ближайшая планета, вращающаяся вокруг другой звезды, а не Солнца, — находится в соседней звездной системе Альфа Центавра, примерно в четырех световых годах от нас, которую видно в основном из южного полушария.

Расстояние от нас до большинства зарегистрированных экзопланет составляет от десятков до сотен световых лет. Яркость Земли приблизительно в миллиард раз меньше яркости Солнца, а поскольку наша планета находится очень близко к Солнцу, то наблюдать ее непосредственно в телескоп, улавливающий видимый свет, практически невозможно. Это все равно что пытаться разглядеть светлячка на голливудской съемочной площадке, где светят мощные прожекторы. Так что, если инопланетяне нас и найдут, то скорее всего в результате поисков в других диапазонах, а не в видимом свете, например, в инфракрасном, где наша яркость по сравнению с Солнцем несколько выше. Впрочем, может быть, их инженеры придумали какую-то принципиально другую стратегию.

Ближайшая экзопланета — ближайшая планета, вращающаяся вокруг другой звезды, а не Солнца, — находится примерно в четырех световых годах от нас, в соседней звездной системе Альфа Центавра, которую видно в основном из южного полушария.

Может быть, они поступают так, как обычно делают наши собственные охотники за планетами:

смотрят на звезды и ждут, не будет ли их свет слегка дергаться через равные промежутки времени. Если свет звезды периодически дергается, это выдает существование планеты на орбите, даже если сама планета очень тусклая и ее не видно.

Вопреки распространенному мнению, строго говоря, планета не вращается по орбите вокруг своей звезды. На самом деле планета и ее звезда вращаются по орбитам вокруг общего центра масс. Чем массивнее планета, тем заметнее реакция звезды — и тем легче зарегистрировать подергивания, когда анализируешь ее свет. К несчастью для инопланетян-охотников за планетами, Земля очень маленькая, так что Солнце шевелится едва-едва, что еще сильнее затрудняет задачу инопланетных инженеров.

Телескоп «Кеплер», который запустило НАСА, специально сконструирован и настроен так, чтобы искать землеподобные планеты вокруг солнцеподобных звезд, и применяет при этом другой метод поиска, что позволяет существенно расширить каталог экзопланет. «Кеплер» ищет звезды, чья общая яркость немного падает через равные промежутки времени. В таких случаях «Кеплер» благодаря точному прицелу улавливает, как звезда становится чуть-чуть тусклее, поскольку прямо перед ней проходит одна из ее планет. Этот метод тоже не позволяет видеть планету как таковую. Даже каких-то особенностей поверхности звезды так не различишь. «Кеплер» просто регистрирует изменение светимости звезды, однако это позволило нам добавить в каталог тысячи экзопланет, в том числе сотни звездных систем с несколькими планетами. Кроме того, данные «Кеплера» помогают рассчитать размер экзопланеты, период ее обращения и расстояние от звезды. Также можно сделать обоснованную оценку массы планеты.

Если вам интересно, то когда Земля проходит перед Солнцем — а ведь в любой момент можно найти какую-то точку Галактики, откуда открывается именно такой вид, — мы блокируем одну десятитысячную долю поверхности Солнца и тем самым ненадолго заставляем его тускнеть на одну десятитысячную обычной яркости. Уж как есть. Так что инопланетяне обнаружат Землю, но ничего не смогут узнать о происходящем на ее поверхности.

Тут на помощь приходят радио- и микроволновое излучения. Может быть, у наших любопытных инопланетян есть что-нибудь вроде пятисотметрового радиотелескопа из китайской провинции Гуйчжоу. Если они еще и сумеют настроиться на нужную частоту, то наверняка заметят Землю, то есть заметят нашу высокоразвитую цивилизацию как один из ярчайших источников на небе. Вспомните, сколько у нас всяких устройств, которые генерируют радио- и микроволновое излучение: не только обычные радиопередатчики, но и телевидение, мобильные телефоны, микроволновые печки, пульты, открывающие двери гаражей и машин, коммерческие радары, военные радары, спутники связи. Мы ярко сияем в длинноволновом диапазоне, и это яснее ясного говорит, что на нашей планете происходит что-то необычное, поскольку в естественном состоянии маленькие каменистые планетки почти не излучают радиоволн.

Так что если любопытные инопланетяне направят в нашу сторону свой радиотелескоп, они, вероятно, сделают вывод, что на этой планете развита технология. Однако есть одна сложность: возможны и другие толкования. Не исключено, что инопланетяне не смогут отличить сигналы с Земли от сигналов крупных планет Солнечной системы, поскольку все они мощно излучают в радиодиапазоне, особенно Юпитер. А может, наблюдатели просто решат, что мы какая-то новая разновидность странных радиоизлучающих планет. Или примут радиоизлучение Земли за солнечное и сделают вывод, что Солнце — какая-то новая разновидность странных радиоизлучающих звезд.

В таком же тупике оказались наши, земные астрофизики из Кембриджского университета в Англии. Они изучали небеса при помощи радиотелескопа — искали любой сильный источник радиоволн — и Энтони

Хьюиш с коллегами обнаружили очень странное явление — объект, пульсировавший с исключительно стабильным периодом чуть больше секунды. Его заметила Джоселин Белл, которая тогда была аспиранткой Хьюиша.

Вскоре коллеги Белл установили, что импульсы доходят откуда-то издалека. Возникло непреодолимое искушение решить, что сигнал имеет технологическое происхождение, что какая-то иная культура испускает его и тем самым выдает свою деятельность. Как вспоминает Белл, «у нас не было доказательств, что эти радиоимпульсы исключительно природного происхождения… я просто хотела защитить диссертацию по какой-нибудь новой технике, а маленькие зеленые человечки, вот глупенькие, выбрали именно мою антенну и мою частоту, чтобы сообщить нам о себе» (Jocelyn Bell, *Annals of the New York Academy of Sciences* 302 (1977):685). Однако не прошло и нескольких дней, как Белл обнаружила и другие повторяющиеся сигналы, исходящие из других точек нашей галактики Млечный Путь. Белл и ее коллеги поняли, что открыли новый класс космических объектов — звезды, состоящие из одних нейтронов, которые с каждым оборотом испускают в нашу сторону импульс радиоволн. Поэтому Хевиш и Белл и назвали их пульсарами.

Но оказывается, радиоперехват — не единственный способ космического шпионажа. Есть еще космохимия.

Химический анализ атмосфер планет — бурно развивающаяся отрасль современной астрофизики. Легко догадаться, что космохимия опирается на спектроскопию, анализ света при помощи спектрометра. Благодаря инструментам и методам спектроскопистов, космохимики могут сделать вывод о существовании жизни на экзопланете независимо от того, разумна ли эта жизнь и располагает ли она технологиями. Эта наука так действенна, поскольку любой элемент, любая молекула, где бы она ни находилась во Вселенной, по-своему поглощает, испускает, отражает и рассеивает свет. Как мы уже знаем, стоит пропустить этот свет через спектрометр, и обнаружатся характерные черты, которые по праву можно назвать химическими отпечатками пальцев. Самые наглядные отпечатки оставляют химические вещества, которые сильнее всего возбуждаются от давления и температуры среды. В атмосферах планет очень много таких веществ. А если на планете богатая флора и фауна, ее атмосфера насыщена биомаркерами — спектральными свидетельствами жизни. Скрыть эти свидетельства очень трудно, каково бы ни было их происхождение — биогенное (вызванное отдельными видами или всеми живыми существами), антропогенное (вызванное широко распространенным видом *Homo sapiens*) или техногенное (вызванное исключительно технологией).

Любопытные инопланетяне должны создать спектрометр, чтобы прочитать наши отпечатки пальцев, если, конечно, у них от природы нет спектроскопических сенсоров. Но главное — Земля должна пройти перед Солнцем (или каким-то другим источником), чтобы его свет пронизал нашу атмосферу и дошел до инопланетян. Тогда химические соединения в земной атмосфере провзаимодействуют с этим светом и оставят в его спектре бросающиеся в глаза черты.

Некоторые молекулы — аммиак, вода, углекислый газ — очень распространены во Вселенной и не связаны с наличием жизни. Однако есть и молекулы, которых становится очень много именно в присутствии живых организмов. На Земле существует яркий биомаркер — молекула метана, две трети которого производятся как побочный эффект какой-то деятельности человека: метан вырабатывается при нефтепереработке, выращивании риса, гниении сточных вод, а также в отрыжке и кишечных газах домашнего скота. Оставшуюся треть дают природные источники, в том числе гниющая болотная растительность и газы, вырабатываемые термитами. Однако в тех местах, где мало свободного кислорода, для образования метана не всегда требуется жизнь. Как раз сейчас астробиологии ведут жаркий спор о том, каково происхождение следов метана на Марсе и обильных запасов этого вещества на спутнике Сатурна Титане, где, надо полагать, нет ни коров, ни термитов.

Если инопланетяне посмотрят на наше ночное полушарие, обращенное в противоположную сторону от звезды, вокруг которой мы вращаемся, то они, вероятно, обнаружат, что на нашей планете много натрия, поскольку мы широко используем натриевые лампы для уличного освещения, которое включается на закате в городах и пригородах. Однако самым ярким показателем наличия жизни, скорее всего, служит все-таки свободный кислород, составляющий пятую часть нашей атмосферы.

Как раз сейчас астробиологии ведут жаркий спор о том, каково происхождение следов метана на Марсе и обильных запасов этого вещества на спутнике Сатурна Титане, где, надо полагать, нет ни коров, ни термитов.

Кислород — третий по распространенности после водорода и гелия элемент в космосе — химически активен и легко создает связи с атомами водорода, углерода, азота, кремния, серы, железа и так далее. И даже с самим собой. Таким образом, чтобы кислород существовал в стабильном состоянии, должно быть что-то, что высвобождает его с той же скоростью, с какой он расходуется. Здесь, на земле, его высвобождают живые организмы. Фотосинтез, которым занимаются растения и многие бактерии, создает свободный кислород в океанах и в атмосфере.

Свободный кислород, в свою очередь, обеспечивает существование жизни с кислородным обменом веществ — а это и мы с вами, и практически все существа из царства животных.

Мы, земляне, уже знаем, какую важную роль играют особенности химического состава нашей планеты и ее атмосферы. Однако инопланетяне, которые заметят нас издалека, должны будут еще истолковать свои находки и проверить гипотезы. Действительно ли периодическое появление натрия носит техногенный характер? Свободный кислород определенно имеет биогенную природу. А метан? Он тоже химически нестабилен и, конечно, отчасти вырабатывается из-за антропогенных факторов, однако, как мы уже видели, иногда появляется и в отсутствие живых организмов.

Если инопланетяне решат, что химические особенности Земли однозначно свидетельствуют о наличии на ней жизни, то, вероятно, зададутся вопросом, разумна ли эта жизнь. Предположим, инопланетяне как-то общаются друг с другом и, вероятно, считают, что и другие разумные существа тоже как-то общаются. Вероятно, именно тогда они решат подслушать, что творится на Земле, при помощи радиотелескопов и проверить, какую часть электромагнитного спектра освоили ее обитатели. С какой бы стороны инопланетяне ни подошли — с химической или с радиоволновой — они, скорее всего, придут к одному и тому же выводу: планета, где так развита технология, должна быть населена разумными существами, которые, вероятно, развлечения ради изучают, как устроена Вселенная и как применять ее законы ради личной выгоды и на благо общества.

Если еще внимательнее присмотреться к химическим особенностям атмосферы Земли, там обнаружатся и другие биомаркеры человека — серная, угольная и азотная кислоты и другие компоненты смога от сгорания ископаемого топлива. Если по воле случая любопытные инопланетяне с социальной, культурной и технологической точки зрения более развиты, чем мы, они наверняка истолкуют эти биомаркеры как убедительное доказательство отсутствия разумной жизни на Земле.

Первую экзопланету открыли в 1995 году, а сейчас, когда я пишу эти строки, их число перевалило за три тысячи, причем большинство было открыто в небольшом закоулке Млечного пути в окрестностях Солнечной системы. Так что во Вселенной их еще полным-полно. Одна только наша Галактика состоит более чем из ста миллиардов звезд, а известная Вселенная вмещает около ста миллиардов галактик.

Одна только наша Галактика состоит более чем из ста миллиардов звезд, а известная Вселенная вмещает около ста миллиардов галактик.

Наши поиски жизни во Вселенной подталкивают нас к поискам экзопланет, и некоторые из них напоминают Землю — разумеется, не во всех подробностях, а в общем. По последним данным, на основании экстраполяции нынешних каталогов, только в галактике Млечный Путь насчитывается около сорока миллиардов землеподобных планет. Когда-нибудь наши потомки, наверное, решат их посетить — если не по необходимости, то из любопытства.

12

С ТОЧКИ ЗРЕНИЯ КОСМОСА

Из всех наук, взращенных родом человеческим, именно астрономия считается самой возвышенной, самой интересной и самой полезной — и, несомненно, такова она и есть. Ведь благодаря познаниям, которые дала эта наука, открыта не только величина Земли... но идеи, которые она выражает, расширили наш кругозор, и наши умы воспарили над косными, узколобыми предрассудками.

Джеймс Фергюсон, 1757 г.
(James Ferguson, «Astronomy Explained Upon Sir Isaac Newton's Principles, And Made Easy To Those Who Have Not Studied Mathematics». London, 1757)

Задолго до того, как кто-то понял, что у Вселенной было начало, до того, как мы узнали, что ближайшая крупная галактика находится в двух миллионах световых лет от Земли, до того, как мы узнали, как устроены звезды, и обнаружили, что на свете есть атомы, восторженное введение в любимую науку, вышедшее из-под пера Джеймса Фергюсона, звучало совершенно искренне. Так же звучит оно и в наши дни — если не считать цветистого слога, свойственного XVIII веку, эти слова могли быть написаны вчера. Но кто придерживается подобных взглядов? Кто смотрит на все с точки зрения космоса? Не мигрант, работающий на ферме. Не работница с текстильной фабрики. И, конечно, не бездомный, роющийся в мусорном баке в поисках объедков. Нужно располагать досугом, свободным от забот о выживании, а это роскошь. Нужно жить в стране, где правительство ценит поиски места человечества во Вселенной. Нужно жить в обществе, где интеллектуальные искания способны перенести тебя на передний край научных открытий и где новости об этих открытиях легко распространяются.

По этим критериям дела у большинства граждан промышленно развитых стран идут совсем неплохо.

Однако за подобное космическое мировоззрение надо платить, хотя это и не очевидно. Когда я проезжаю тысячи километров, чтобы провести несколько секунд в стремительно движущейся тени Луны во время полного солнечного затмения, то иногда утрачиваю представление о происходящем на Земле.

Когда я надолго задумываюсь о расширяющейся Вселенной, о том, как ее галактики разлетаются друг от друга, встроенные в постоянно растягивающуюся четырехмерную ткань пространства-времени, то иногда забываю о бесчисленном множестве людей, которые ходят по Земле без пищи и крова, и о том, как непропорционально много среди них детей.

Когда я погружаюсь в изучение данных, подтверждающих существование во Вселенной загадочного темного вещества и темной энергии, то подчас забываю, что каждый день и каждую минуту, на протяжении всех 24 часов, за которые Земля совершает полный оборот вокруг своей оси, люди убивают и погибают во имя чужого представления о Боге, а некоторые люди, не убивающие во имя Господа, убивают во имя нужд и прихотей политических догм.

Когда я прослеживаю орбиты астероидов, комет и планет и восхищаюсь их пируэтами в космическом балете, хореограф которого — гравитация, то иногда забываю, что действия многих людей грубо нарушают деликатное равновесие земной атмосферы, океанов и суши, и с последствиями этих действий столкнутся наши дети и внуки, которые заплатят за них своим здоровьем и благополучием.

И еще я иногда забываю, что люди, наделенные властью, редко бросают все силы на помощь тем, кто не может помочь себе сам.

Иногда я забываю обо всем этом, поскольку, как бы ни был велик этот мир — и в наших сердцах, и в наших мыслях, и на наших огромных цифровых картах — Вселенная еще больше. Некоторых это угнетает, а мне дает внутреннюю свободу.

Представьте себе взрослого, который утешает ребенка во всех его мелких невзгодах — пролитое молоко, сломанная игрушка, разбитая коленка. Мы, взрослые, знаем, что дети не представляют себе, что такое настоящая беда, поскольку их детское мировоззрение сильно ограничено неопытностью. Дети еще не понимают, что они не центр Вселенной.

А мы, взрослые, — хватит ли у нас духу признаться самим себе, что и мы страдаем коллективной узколобостью? Хватит ли духу признаться, что наши мысли и поведение определяются убежденностью, что мы — центр Вселенной? Как видно, нет. Однако свидетельств тому масса. Приподнимите завесу над любым общественным конфликтом — расовым, этническим, религиозным, национальным, культурным — и увидите, кто жмет на все кнопки и дергает за все рычаги: человеческое самомнение.

А теперь представьте себе мир, где все — а особенно люди влиятельные, наделенные властью, — обладают широким мировоззрением и верно оценивают наше место в космосе. С такой точки зрения наши проблемы кажутся очень мелкими, а возможно, их просто нет, — и мы можем радоваться своим земным различиям, не повторяя ошибок своих предков, которые истребляли друг друга из-за этих различий.

* * *

В январе 2000 года в только что перестроенном планетарии Хейдена в Нью-Йорке шло космическое шоу под названием «Билет во Вселенную»: зрители отправлялись в виртуальное путешествие из планетария на край космоса. Сценарий этого представления написали Энн Друян и Стивен Сотер, которые впоследствии участвовали в создании мини-сериала «Космос: пространственно-временная одиссея», выпущенного в 2014 году телекомпанией «Фокс» (ведущим был ваш покорный слуга). Кроме того, именно они вместе с Карлом Саганом создали исходный мини-сериал «Космос: персональное путешествие», который вышел в 1980 году на канале PBS. Так вот, во время шоу «Билет во Вселенную» зрители сначала осматривали Землю, потом — Солнечную систему, потом наблюдали, как сто миллиардов звезд Млечного пути уменьшаются и скрываются вдали и тоже превращаются в еле заметные точки на куполе планетария.

После премьеры не прошло и месяца, как я получил письмо от одного профессора-психолога из Лиги Плюща. Он исследовал причины, по которым люди чувствуют себя неполноценными и незначительными. Я и не знал, что на свете есть специалисты в таких областях. Профессор попросил разрешения опрашивать посетителей до и после шоу, чтобы оценить меру их депрессии после представления. «Билет во Вселенную», писал профессор, вызвал у него острейшее ощущение собственной ничтожности и незначительности — такое было с ним впервые в жизни.

Как же так? Когда я сам смотрю это представление, как и другие наши шоу, меня переполняют радость жизни, воодушевление и интерес. А еще я чувствую себя настоящим великаном — ведь мы сумели определить свое место во Вселенной исключительно благодаря тому, что происходит в человеческом мозге весом всего лишь полтора кило.

Позволю себе предположить, что в данном случае это профессор, а не я, неверно толковал природу. Начнем с того, что у него была неоправданно завышенная самооценка, раздутая из-за убежденности в собственном величии и подпитанная бытующими в нашей культуре представлениями, что люди якобы важнее всего остального во Вселенной. В оправдание профессора могу сказать, что социально-культурные силы очень мощны и поэтому все мы не без греха. Я тоже был таким — пока в один прекрасный день на уроке биологии не узнал, что в одном сантиметре моего кишечника живет и работает больше бактерий, чем было и есть людей на свете с начала времен. Такого рода сведения заставляют крепко задуматься, кто (или что) тут на самом деле главный.

С того самого дня я стал считать людей не властелинами пространства и времени, а звеньями великой вселенской цепи — цепи генетических взаимосвязей со всеми видами живых существ, и ныне существующими, и вымершими, которая уходит в прошлое почти на четыре миллиарда лет, к первым одноклеточным организмам на Земле.

Знаю-знаю, что вы сейчас думаете: мы умнее бактерий.

Это несомненно: мы умнее всех живых существ, когда бы то ни было бегавших, ползавших и пресмыкавшихся по Земле. Но что это значит — умнее? Мы готовим себе пищу. Сочиняем стихи и музыку.

Занимаемся наукой и искусством. Неплохо владеем математикой. Даже если вы не сильны в математике, вы наверняка умеете считать гораздо лучше самого умного шимпанзе, а ведь они генетически почти идентичны нам. Как бы приматологи ни старались, они так и не научили шимпанзе ни делить в столбик, ни решать тригонометрические задачи.

Если за такую огромную на первый взгляд разницу в интеллекте между нами и нашими сородичами-обезьянами отвечают такие ничтожные генетические различия, значит, вероятно, разница в интеллекте не так уж и огромна.

Представьте себе живое существо, чей интеллект превосходит наш настолько же, насколько наш интеллект превосходит интеллект шимпанзе. С точки зрения такого биологического вида все наши интеллектуальные достижения тривиальны. Их малыши не учат алфавит по песенкам из «Улицы Сезам» — для них снимают какой-нибудь «Булевский бульвар» с наглядными уроками по дифференциальным уравнениям (Булева алгебра — это отрасль математики, где переменным приписывают значения «истина» или «ложь» — их принято обозначать 1 и 0. На ней строится весь компьютерный мир, а названа она в честь английского математика XVIII века Джорджа Буля). Наши самые сложные теоремы, наши самые глубокие философские системы, шедевры наших выдающихся художников для них — все равно что задания в начальной школе:

принесешь их домой, и гордые мама с папой прикрепят их магнитиками к холодильнику. Эти существа будут изучать Стивена Хокинга (который сейчас занимает в Кембриджском университете ту же должность, что когда-то принадлежала Исааку Ньютону), потому что он несколько умнее остальных людей. Почему? У него есть способности к теоретической астрофизике и другим простеньким вычислениям — он довольно неплохо считает в уме, совсем как крошка Тимми, который только что окончил инопланетные ясельки.

Если бы нас отделяла от наших ближайших родственников в царстве животных настоящая генетическая пропасть, у нас было бы полное право радоваться собственной гениальности. Мы запросто могли бы задирать носы и думать, что мы очень далеки от своих собратьев и сильно от них отличаемся. Однако такой пропасти нет. Напротив, мы едины с остальной природой — не выше и не ниже, а внутри.

Хотите еще немножечко понизить самооценку? В этом прекрасно помогают простые параллели по количеству, размеру и масштабу.

Вот, к примеру, вода. Она везде, ее много, без нее не обойтись. В обычном стакане воды — 250 миллилитров — молекул больше, чем стаканов воды во всем мировом океане. Каждый стакан воды, проходящий через человека и воссоединяющийся с мировым океаном, содержит столько молекул, что хватит, чтобы подмешать по 1500 штук во все остальные стаканы воды в мире. Ничего не поделаешь: в воде, которую вы только что выпили, есть молекулы, побывавшие в почках Сократа, Чингисхана и Жанны д'Арк.

А воздух? Без него тоже не обойтись. При одном-единственном вдохе мы втягиваем в себя больше молекул, чем вдохов во всей атмосфере Земли. Это значит, что в воздухе, который вы только что вдохнули, есть молекулы, побывавшие в легких Наполеона, Бетховена, Линкольна и Билли Кида.

Выходим на космический масштаб. Звезд во Вселенной больше, чем песчинок на любом пляже, больше, чем прошло секунд со времени формирования Земли, больше, чем слов и звуков, произнесенных всеми нашими предками и современниками.

Звезд во Вселенной больше, чем песчинок на любом пляже, больше, чем прошло секунд со времени формирования Земли.

Хотите заглянуть в прошлое? Космическое мировоззрение и это обеспечит. Свету нужно время, чтобы добраться до земных обсерваторий, поэтому вы видите предметы и явления не такими, каковы они сейчас, а такими, какими они были когда-то — почти до самого начала времен. В пределах этого горизонта познания космическая эволюция постепенно разворачивается перед нами, словно на большом экране.

Хотите узнать, из чего мы состоим? Опять же космическая точка зрения дает куда более масштабный ответ, чем вы думаете. Химические элементы во Вселенной выковываются в пламени массивных звезд, которые в конце концов настигает смерть в виде мощного взрыва, отчего галактики насыщаются химическим арсеналом для возникновения и поддержания жизни в известной нам форме. Результат? Четыре самых распространенных химически активных элемента во Вселенной — водород, кислород, углерод и азот — и есть четыре самых распространенных компонента жизни на Земле, причем углерод лежит в основе всей биохимии.

Мы не просто живем во Вселенной — Вселенная живет в нас.

При всем при том не исключено, что мы вообще не отсюда, не с Земли. Сопоставление нескольких независимых исследований вынуждает ученых переосмыслить представления о том, кто мы и откуда взялись. Как мы уже видели, когда в планету попадает крупный астероид, кора в окрестностях места удара резонирует и выбрасывает в космическое пространство куски породы. А потом они могут улететь куда угодно и упасть на поверхность другой планеты. Кроме того, микроорганизмы бывают очень живучи. Земные экстремофилы вполне способны пережить и перепады температуры и давления, и радиацию, с которой они столкнулись бы во время космического перелета. Если астероид попал на какую-то планету, где есть жизнь, то в трещинках камней, выброшенных в космос после соударения, вполне могли прятаться микробы. Но и этого мало: по новейшим данным, в первое время после формирования Солнечной системы на Марсе было много воды — и он, вероятно, мог стать колыбелью жизни задолго до Земли.

Все это в совокупности рисует правдоподобную картину: жизнь зародилась на Марсе, а потом перебралась на Землю. Это называется панспермия. А значит, все земляне, возможно — но лишь возможно! — потомки марсиан.

Чем больше космологических открытий мы совершаем, тем сильнее они принижают наше представление о себе — и так происходит веками. Когда-то считалось, что Земля астрономически уникальна, но потом астрономы обнаружили, что она всего лишь одна из планет, вращающихся вокруг Солнца. Затем мы предположили, что уникально Солнце, но потом узнали, что бесчисленные звезды на ночном небе — тоже солнца. Потом мы считали, что вся известная Вселенная — это наша галактика Млечный Путь, но впоследствии оказалось, что бесчисленные точечки на небе — это другие галактики, испещрившие ландшафт известной нам Вселенной.

Сегодня проще простого предположить, что нашей Вселенной все и ограничивается. Однако многочисленные теории современной космологии, а также постоянные напоминания, что ничего уникального не бывает, требуют от нас готовности выдержать следующую атаку на наши представления о собственной незаурядности: возможно, мы живем во множественной Вселенной.

Космическое мировоззрение само собой следует из фундаментальных знаний. Но дело не только в том, что ты знаешь. Дело и в том, что у тебя есть мудрость и воображение, позволяющие применить эти знания к оценке своего места во Вселенной. Что же это такое — космическое мировоззрение? Космическое мировоззрение — это умение смотреть на мир с переднего края науки, однако оно свойственно не только ученым. Оно доступно всем.

Космическое мировоззрение — это смирение.

Космическое мировоззрение — это духовность и даже искупление, но к религии оно отношения не имеет.

Космическое мировоззрение дает нам возможность одной мыслью охватить и большое, и малое.

Космическое мировоззрение помогает воспринять самые поразительные идеи, но все же учит ставить границы возможного, иначе наш мозг переполнится, и мы начнем верить всему подряд.

Космическое мировоззрение — это умение смотреть на мир с переднего края науки, однако оно свойственно не только ученым. Оно доступно всем.

Космическое мировоззрение учит видеть Вселенную как она есть и не считать ее уютной колыбелькой, предназначенной для возникновения и сохранения жизни; нет, Вселенная — холодное, пустое, опасное место, и это заставляет нас пересмотреть свои представления о ценности человеческих существ друг для друга.

Космическое мировоззрение показывает, что Земля — сущая пылинка. Но эта пылинка нам дорога, и пока что у нас нет другого дома.

Космическое мировоззрение видит красоту в планетах и спутниках, в звездах и туманностях — и при этом восторгается законами физики, которые их сформировали.

Космическое мировоззрение помогает отрешиться от житейских обстоятельств, выйти за пределы первобытных потребностей в пище, крове и половом партнере.

Космическое мировоззрение постоянно напоминает, что в космосе, где нет воздуха, флаги не развеваются: намек на то, что исследование космоса, вероятно, имеет мало отношения к размахиванию государственными флагами.

Космическое мировоззрение не просто приветствует наше генетическое родство со всей жизнью на Земле, но ценит и химическое родство с любой жизнью, которую нам еще предстоит открыть во Вселенной, и атомное родство со Вселенной как таковой.

Пожалуй, каждому из нас раз в неделю, а лучше раз в день стоит задумываться о том, какие космические истины еще не открыты и ждут появления великого ума, изобретательного эксперимента или ультрасовременного космического аппарата. Стоит задуматься и о том, как эти открытия преобразят жизнь на Земле.

Без подобного любопытства мы ничем не отличаемся от какого-нибудь крестьянина, которому нет нужды выезжать за границы своего округа, поскольку все свои потребности он удовлетворяет за счет урожая, который получает с полей. Но если бы так думали все его предки, этот крестьянин, вероятно, жил бы в пещере и гонялся за пищей с камнем и дубинкой.

Мы живем на Земле очень недолго, и наша обязанность и перед самими собой, и перед потомками — открыть дорогу исследованиям, хотя бы потому, что это весело и интересно. Но есть и другая причина, куда более уважительная. В день, когда наши познания о космосе перестанут расти, мы рискуем скатиться к детским представлениям о том, что мы — центр Вселенной и в буквальном, и в переносном смысле.

В день, когда наши познания о космосе перестанут расти, мы рискуем скатиться к детским представлениям о том, что мы — центр Вселенной и в буквальном, и в переносном смысле.

В этом мрачном мире люди и страны, владеющие оружием и жадные до ресурсов, будут склонны действовать в соответствии со своими «косными, узколобыми предрассудками». И на этом настанет конец просвещению — пока не родится новая культура, которая не испугается космического мировоззрения, а снова примет его.

БЛАГОДАРНОСТИ

Вошедшие в эту книгу очерки написаны в разные годы, и за это время мне усердно помогали несколько литературных редакторов, в том числе Элен Голденсон и Эвис Лэнг из журнала *Natural History*. Они следили, чтобы я всегда говорил, что думаю, и думал, что говорю. Моим научным редактором был мой друг и коллега по Принстону Роберт Люптон, который знает больше меня во всех самых важных областях. Благодарю также Бетси Лернер за советы по доработке рукописи, которые значительно расширили ее охват.

ОБ АВТОРЕ

Нил Деграсс Тайсон — астрофизик, сотрудник Американского музея естественной истории в Нью-Йорке, где он также работает директором Планетария Хейдена. Тайсон — выпускник престижной школы «Бронкс Сайенс» с естественнонаучным уклоном, он получил степень бакалавра по физике в Гарварде, а докторскую диссертацию по астрофизике защитил в Колумбийском университете. Живет на Манхэттене с женой и детьми.

16+

Серия «Хиты научпопа»
Научно-популярное издание
Танымал ғылыми басылым

Нил Деграсс Тайсон

ВЕЛИКИЕ ТАЙНЫ ВСЕЛЕННОЙ
ДЛЯ ТЕХ, КОМУ НЕКОГДА,
или Астрофизика с космической скоростью

Научный редактор: к. ф.-м. н. А. Красильщиков
Компьютерная верстка: Р. Никитин
Дизайн обложки: Д. Агапонов

Подписано в печать 17.10.2024. Формат 60×90/16.
Гарнитура Clear Sans. Бумага офсетная. Печать офсетная.
Усл. печ. л. 15,00. Тираж 2000 экз. Заказ № 4614/24.

Общероссийский классификатор продукции
ОК-034-2014 (КПЕС 2008); 58.11.1 — книги, брошюры печатные.

ООО «Издательство АСТ» 129085, Москва, Звездный бульвар,
д. 21, стр. 1, комн. 705, пом. I, 7 этаж

Наш сайт: **www.ast.ru** E-mail: **ask@ast.ru**
Интернет-магазин: **www.book24.ru**

Оригинал-макет подготовлен редакцией «Прайм»
Произведено в Российской Федерации. Изготовлено в 2025 г.

«Издательство АСТ» ЖШҚ
129085, Ресей Федерациясы, Мәскеу, Звёздный бульвары,
21-үй, 1-құрылыс, 705-бөлме, I үй-жай, 7-қабат
Біздің электрондық мекенжайымыз: **www.ast.ru** E-mail: **ask@ast.ru**
Интернет-магазин: **www.book24.kz.** Интернет-дукен: **www.book24.kz**
Дистрибьютор и представитель по приёму претензий
на продукцию в Республике Казахстан: ТОО «РДЦ-Алматы».
Дистрибьютор және Қазақстан Республикасында өнімге шағымдар
қабылдау жөніндегі өкіл: «РДЦ-Алматы» ЖШС,
Алматы қ., Домбровский көш., 3«а», Б литері офис 1.
Тел.: 8(727) 2 51 59 90,91 , факс: 8 (727) 251 59 92 ішкі 107;
E-mail: **RDC-Almaty@eksmo.kz**, **www.book24.kz**
Өнімнің жарамдылық мерзімі шектелмеген
Ресей Федерациясында өндірілген. Өндірілген жылы: 2025

Отпечатано в Публичном акционерном обществе
«Можайский полиграфический комбинат»
143200, Россия, г. Можайск, ул. Мира, 93.
www.oaompk.ru, тел.: (49638) 20-685

Для заметок

Для заметок